WIDMUNG

Ich bedanke mich mit großer Liebe und Dankbarkeit im Herzen:

Bei meinem spirituellen Lehrer und Meister, der mich seit mehr als 20 Jahren liebevoll begleitet und durch den Gottes Weisheit und Macht so stark und klar leuchtet. Der mich selbst in meine eigene Meister-schaft führt.

Bei meinen wunderbaren Kindern,

-Noah Gabriel, humorvoll und sensibel.

-Tara Sofia, eine alte Seele und Heilerin, liebevoll und großzügig.

-Sabrina Joy, willensstark und unbeugsam

-Sebastian Maria, diplomatisch und mitfühlend

meiner Mama und meinem Papa, danke dass ich hier bin

Bei Andrea und Nelli, für meine wunderbaren Kinder, welche Ge-schenke, ich kann euch gar nicht genug danken. (ja, ich bedanke mich bei allen Müttern, denn ihr seid das Salz der Erde)

Bei Anja, ohne Dich gäbe es die Briefe aus Tibet und dieses Buch nicht

Bei Sangyaa, dem tibetischen Mönch und dem tibetischen Volk

Bei Michael Erkan meinem besten Freund für seine Geradlinigkeit

Bei Neco meinem spirituellen Bruder für sein Wachsen

Bei Nancy für ihre Stärke und Unbeugsamkeit

Bei Vlasta, für ihr Leuchten

Bei Sandy, für ihre Sanftheit

Bei Christiane für ihre Herzlichkeit

Bei alle meinen nicht namentlich genannten Freunden. Jeder von euch fügt ein ganz persönliches und einmaliges Puzzleteil bei, wel-ches das große Bild meines Lebens zeichnet.

VORWORT

Liebe Leserin, lieber Leser.

Danke, dass Du dieses Buch in Händen hältst. Hoffentlich bereitet es Dir Freude und gute Einsichten (und landet nicht ungelesen im Bücherregal).

Es ist ein Reisebericht, ein persönliches Tagebuch, ein Zeugnis, wie man ein großes Ziel erreicht und über sich selbst hinauswächst, indem man dem Ruf seiner Seele folgt.

Und ich ermuntere Dich dazu- glaube an Dich und an Deine Träume. Geh dort hin, wohin dein Herz, deine Seele Dich führen. Es lohnt sich.

Man sagt, dass es im Leben keine Zufälle gibt. In der Tat ist dieses Buch durch eine Kette von Ereignissen entstanden, die man Zufälle nennen könnte. Doch alles hängt mit allem zusammen. Letztendlich hat es zwanzig Jahre gedauert, bis ich dieses Buch geschrieben habe, basierend auf Briefen, die ich meiner damaligen Partnerin, Anja, nach Deutschland geschickt habe.

Ich hatte nie bewusst geplant, über meine Reise nach Tibet ein Buch zu schreiben. Und doch, plötzlich, hat mein höheres Selbst es mir ganz klar gezeigt- schreib dieses Buch. Und nun tauchte ich beim Schreiben wieder ein in das Land, die Kultur, die Energien und Geistwesen, die mich begleitet haben. Das alles ist über zwanzig Jahre her, Vieles hat sich im Land zwischenzeitlich verändert oder wurde zerstört. Viele Klischees haben sich nicht bewahrheitet („alle Tibeter sind erleuchtet", „alle Chinesen sind unspirituell") und mein Horizont hat sich sehr erweitert. Diese Reise hat mich für immer ver-ändert und verzaubert. Ich trage das Land, die Tibeter und die Er-lebnisse für immer in mir. Und ich freue mich, etwas davon mit Dir zu teilen. Komm mit auf die Reise.

Hast Du schon einmal die Stimme eines Berges in Deinem Kopf gehört, der Dich ruft? So laut und eindringlich und das über ein Jahr lang?! Genau das ist mir passiert.

Der heilige Berg Kailash in Tibet, er verlangte nach mir. Ich hatte bereits Vieles erlebt und erfahren, was viele Menschen als verrückt bezeichnen würden. Ein Großteil meiner alten Freunde hatte bereits den Kontakt zu mir abgebrochen.

Was war zuvor geschehen? Ich hatte bereits einige Grenzerfahrungen gemacht.

Schon als kleines Kind hatte ich gewisse Fähigkeiten, konnte die Anwesenheit von Engeln wahrnehmen und dies gab mir viel Kraft. In einer Zeit, die durch Missbrauch und innere Verletzungen durch meinen Vater geprägt war, gab mir das Kraft und Durchhaltevermögen.

Mit 18 Jahren machte ich eine Nahtoderfahrung. Ich verließ meinen menschlichen Körper und befand mich in einem kreisrunden hellen Tunnel, der aus Millionen von Engeln bestand, die alle mit Gesang den Schöpfer priesen, Ich war überwältigt und fühlte mich frei und sicher, in dem Bewusstsein, meine irdische Hülle, in der ich viel Unglück erfahren hatte, verlassen zu haben.

Eine weiß leuchtende Gruppe hoher Wesenheiten trat mir entgegen und versperrte mir die Weiterreise. Sie sagten mir, dass es für mich noch nicht Zeit sei, denn ich habe auf der Erde einen wichtigen Auftrag zu erfüllen. Ich kam wieder zu mir in meinem Körper und war verwirrt. Viele Jahre später hatte ich nochmals ein ähnliches Erlebnis, traf auf Gott und mir wurde mein Lebensziel, mein Seelenplan gezeigt. Und ich begann zu akzeptieren, dass es meine Bestimmung ist, anderen Menschen beizustehen, nachdem ich selbst meine schwere Vergangenheit transformiert und geheilt habe.

Ich beschloss, Gott, der sich so eindringlich an mich gewandt hatte, zu glauben. Und so machte ich mich auf die Suche, um meinen mir vorgezeigten Weg zu gehen. Meine eigenen Wurzeln, meinen Seelenauftrag, meine Mission. Und so entwickelte ich langsam die Fähigkeit, zum Heilen und zum über mich selbst Hinauswachsen. Ich begann intensiv zu beten und zu meditieren und in einer Vision, die ich immer wieder hatte, erschien mir ein leuchtend helles Wesen.

Ich spürte instinktiv, dass dies mein spiritueller Meister war. Seine Identität und sein Aufenthaltsort waren noch unklar.

Und dann begann Tibet zu rufen. Da die Idee, der Samen, meinen Meister zu finden bereits in mich gepflanzt war, hatte ich die feste Überzeugung, diesen in Tibet zu treffen. Nur so machte diese Reise für mich Sinn.

Ich war gerade in einer tiefen Sinnkrise. Hatte mit 34 Jahren nichts vorzuweisen. Keine Karriere, keine Familie. Meine Sammlung von Original Konzertplakaten aus den 60er Jahren habe ich beim Auktionshaus Sotheby's in London versteigern lassen, so war meine Reisekasse gefüllt. Meine Wohnung habe ich in Abwesenheit für sechs Monate untervermietet. Meiner damaligen Partnerin Anja versprach ich, ihr auf meiner Reise regelmäßig Briefe zu schreiben. Hier sind sie, diese Briefe aus Tibet. …also, hinein ins Ungewisse, tauch mit mir ein in dieses faszinierende Land und begleite mich ein Stück weit.

Kapitel 1 – 10.06.2000, von Peking nach Lhasa

Ich habe vorhin überlegt, wovon ich dir berichten möchte. Und ich möchte dir das Besondere, das Schöne, mein Tibet, so wie ich es erlebe mit dir teilen.

Die Einreise war sehr abenteuerlich. Von Peking aus bin ich mit dem Zug gestartet. Nach einigen Tagen Fahrt wurde mir klar, wie naiv ich doch war bei der Planung der Reise. Wenn man sich eine Weltkarte im Maßstab 1 zu 10 Millionen anschaut, dann sieht die Strecke von Peking nach Lhasa gar nicht so lange aus. Wie dumm ich doch war...

Ja als ich in Peking gelandet bin, war das erstmal ein Riesenschock für mich. Diese riesige, dreckige Stadt mit Smog, gigantischen Menschenmassen, einer mir völlig fremden Sprache und Kultur. Sie rief in mir ein Gefühl der totalen Überforderung hervor. Und ich war hier mittendrin, ich, der zuvor noch nie Europa verlassen hatte, war nun tausende Kilometer von zuhause entfernt.

Ich habe erst mal in einem Hotel eingecheckt, und meinen besten Freund in Deutschland angerufen. Und mich bei ihm ausgeheult. Ich hatte Tibet im Kopf, weite Natur, klare Luft, den Himalaya. Das ganze Postkartenidyll, alle Klischees. Und traf nun auf diese hässliche, stinkende Metropole. Was für ein Kulturschock. Ja, ich wollte am liebsten direkt wieder in das Flugzeug zurück nach Deutschland steigen. Mein Freund hat mich dann beruhigt, mich ermuntert, erst mal zur Ruhe zu kommen, ein Bad zu nehmen, die Stadt zu erkunden, und mich in Ruhe auf die Weiterfahrt vorzubereiten. Was ich danach auch gemacht habe. Im Hotel habe ich sehr schnell andere Reisende kennengelernt. Und mein Vorhaben, quer durch China zu reisen, und durch die Hintertüre illegal nach Tibet einzureisen, rief bei einigen Gesprächspartnern Respekt und Bewunderung hervor.

Ich ging dann später abends erst mal in die umliegende Innenstadt und entdeckte dort auch einiges Schönes und Skurriles. Wie zum Beispiel einige Pärchen, die mitten auf der Straße Tango tanzten.

Das beruhigte mich erstmal. Ein gutes Essen, ein heißes Bad und lange Schlafen gaben mir neue Kraft und Mut.

Am nächsten Morgen begab ich mich per Taxi zum Bahnhof, um herauszufinden, wann der nächste Zug in Richtung Tibet fährt. Vor dem gigantisch großen Bahnhofsgebäude saßen auf dem riesigen Vorplatz Tausende von Chinesen. Manche schienen ihren gesamten Hausstand bei sich zu tragen. Es wirkte fast so, als würden sie tatsächlich hier auf dem Vorplatz vor dem Bahnhof leben. Also habe ich mich durch die sitzenden Chinesen im Slalom hindurch manövriert, bis ich schließlich im Inneren dieses gigantischen Baus gelandet bin. Alle Schriftzeichen, alle Anzeigen nur in Chinesisch angezeigt. Kein Englisch. Ich war erst mal völlig überfordert. Habe dann viele verschiedene Menschen angesprochen, bis mir schließlich ein uniformierter Bahnangestellter, der Englisch sprach mich zu einem Fahrkartenschalter gelotst hat. Er hat netterweise dann auch für mich übersetzt, denn die Frau am Schalter sprach kein Englisch. Es stellte sich heraus, dass ich bis nach Xining mit dem Zug fahren konnte. Ab dort ging es dann mit dem Bus weiter. Ich kaufte eine Zugfahrkarte für den übernächsten Tag. Dann kämpfte ich mich wieder durch die Menschenmasse vor dem Bahnhof und rief ein Taxi. Interessanterweise wollte dieser Taxifahrer einen fünffach höheren Fahrpreis, als der Fahrer auf der Hinfahrt. Das nennt man glaube ich freie Marktwirtschaft, oder auch Abzocke.

Den nächsten Tag verbrachte ich im Hotel und freundete mich mit anderen Touristen an. Am nächsten Morgen dann begab ich mich rechtzeitig zum Bahnhof und checkte im Zug Richtung Tibet ein. Es gab dort auffällig viel Zugpersonal, das ganz penibel darauf achtete, dass jeder Koffer, jedes aufgehängte Kleidungsstück ganz akkurat und rechtwinklig untergebracht war. In den einzelnen Zugabteilen befand sich ein gusseiserner Ring in der Mitte auf dem Boden. In regelmäßigen Abständen wurde eine riesengroße Kanne mit kochend heißem Wasser hereingebracht und in diesen Ring abgestellt. Von diesem bedienten sich dann die Reisenden, denn alle tranken viel Tee, den sie frisch zubereiteten. Sie hatten dafür spezielle Gläser mit Schraubdeckel, in dem sie einige lose Teeblätter taten und mit dem heißen Wasser auffüllten. Der Verschlussdeckel macht Sinn, denn manchmal ruckelt der Zug, und man hätte sich sonst beim Trinken mit dem kochenden Wasser verbrüht. Wurde etwas gegessen und auf den Boden gekrümelt, dann sprang sofort Zugpersonal zur Stelle und fegte auf. Ich wurde neugierig von anderen Reisenden ausgefragt wo ich hin wolle, und da ich mir nicht sicher war, wem ich trauen konnte und wenn nicht, erzähle ich nichts von meinem angestrebten Ziel, von Tibet.

Zweimal am Tag traten alle Reisenden raus auf den Flur, dann wurde Aerobic Musik abgespielt über Lautsprecher und eine Stimme vom Band erteilte Anweisungen. Und die Reisenden machten simultan ihre Turnübungen. Das war sehr lustig. Lustig waren ebenso die vielen Verbotsschilder, die darauf hinweisen, dass das Spucken auf den Boden im Zug verboten sei.

Ja, nach mehreren Tagen der Zugfahrt erkannte ich, dass China ein unglaublich großes Land ist. Schließlich kamen wir an unserem ersten Ziel, Xining an. Von dort ging es dann mit dem Bus weiter. Ich lernte auf der Fahrt eine tibetische Familie kennen und freundete mich mit diesen Menschen sehr schnell an. Sie waren ebenso auf einer Pilgerreise und die tibetische Mama versorgte mich mit gutem, mitgebrachtem Essen.

Am nächsten Tag kamen wir an einem anderen Ort an, den Namen habe ich mir nicht gemerkt. Dort sollten wir in einen anderen Bus umsteigen. Die tibetische Familie war bereits im Bus, als ich ebenfalls einsteigen wollte, verweigerte mir der Busfahrer den Zutritt, da ich kein gültiges Permit für Tibet vorzuweisen hatte. Dies muss man als Tourist für teures Geld in einem chinesischen Touristenbüro kaufen.

Ein Chinese sprach mich an, ich verstand die Sprache nicht, und mein Gefühl sagte mir, dass dieser Mensch nicht vertrauenswürdig sei.

Trotzdem gab ich ihm Geld, denn er versprach mir, mir eine Fahrkarte mit Permit zu besorgen. Er ging zum Busfahrer, und unterhielt sich eine Weile mit ihm. Dann stieg der Mann wieder aus und die Bustüren schlossen sich und der Motor wurde gestartet.

Ich fragte was los sei, worauf mir erklärt wurde, der Bus sei bereits voll besetzt und ich solle mit einem darauffolgenden Bus weiterfahren. Ich merkte, dass etwas nicht stimmt, ebenso die tibetische Familie die im Bus saß, die tibetische Mama sprang auf, sprach mit dem Busfahrer und stieg eilig aus und eilte mir zu Hilfe. Sie fing an, den Chinesen mit ihrer Handtasche auf den Kopf zu schlagen und wütend zu beschimpfen. Letztendlich musste sie aber wieder in den Bus steigen, da der Fahrer weiterfahren wollte. Ich sah noch die bedauernden Blicke der tibetischen Familie durch die Fensterscheiben, während der Bus davonfuhr.

Der Chinese hatte mich offensichtlich übers Ohr gehauen, da er immer noch mein Geld bei sich hatte. Und plötzlich war er auch nicht mehr allein, sondern war umringt von einer Gruppe von Komplizen, denen ich gegenüberstand.

Ich erklärte den Männern laut, dass ich nun die Polizei rufen würde um die Sache aufzuklären. Mein Geschrei erregte Aufsehen und es kamen Neugierige näher um zu schauen, was da los war. Der Chinese wollte großes Aufsehen vermeiden und beschwichtigte mich und sagte mir, ich solle mitkommen. Zusammen mit den Männern stieg ich in ein Fahrzeug und wir fuhren los. Plötzlich wurde mir schlagartig klar, dass ich einen großen Fehler gemacht hatte. Hätte mich die Männer nun überfallen und ausgeraubt, ich hätte nichts dagegen tun können. Das Fahrzeug hielt an, der Chinese stieg aus und ging zu einem parkenden Lkw auf der gegenüberliegenden Straßenseite, in dem zwei Männer saßen.
Die Männer beratschlagten, dann kann der Chinese zurück und erklärte mir, ich würde in diesem LKW nach Tibet einreisen, direkt bis nach Lhasa. Die Fahrt würde mich 500 Yuan kosten. Ich gab dem Mann das Geld.

Und vor meinen Augen steckte er den beiden LKW-Fahrern 200 Yuan zu und steckte sich den Rest demonstrativ direkt vor mir in die Hemdtasche. Und dies, obwohl er bereits Geld von mir für die Busfahrkarte einkassiert und nicht zurückgegeben hatte. Ich hatte keine Lust mehr auf weitere Diskussionen und war letztendlich froh, eine Mitfahrgelegenheit nach Tibet gefunden zu haben.

Mein schwerer Rucksack wurde oben auf der Ladefläche festgebunden. Ich musste mich auf der Pritsche hinter den Fahrern hinlegen, und es wurde ein Berg von Decken über mich gebreitet, um mich vor möglichen chinesischen Polizeikontrollen zu verstecken. Dann fuhren wir los.

Ja, das war eine sehr lehrreiche Erfahrung, so muss ich ein illegaler Einwanderer fühlen, der ins gelobte Land reist und nicht weiß, ob er ankommt und was ihn dort erwartet. Während der Fahrt habe ich sehr viel gebetet, Heilbehandlungen gemacht, ich wurde von üblen Symptomen der Höhenkrankheit geplagt, denn wir fuhren immer höher und höher. Ich litt unter stechenden Kopfschmerzen, Übelkeit, Kurzatmigkeit. Und zusätzlich lag ich unter einem Berg von Decken, was für eine grandiose Art zu reisen. Ich verstand aber auch die LKW-Fahrer, die ein großes Risiko eingingen, wäre ich bei einer chinesischen Grenzkontrolle entdeckt worden, hätte die Fahrer mit Sicherheit eine hohe Geldstrafe oder sogar eine Gefängnisstrafe erwartet.

Wieder war ich sehr vertrauensselig. Denn inmitten der einsamen Landschaft ohne Augenzeugen hätten mich die beiden Männer jederzeit ausrauben und aus dem Fahrzeug werfen können.

Manchmal hielten sie an einer Raststätte an, um etwas im Restaurant zu essen. Ich musste unter Decken versteckt bleiben und durfte mich nicht zeigen.

Oft musste ich während der Fahrt den Männern laut drohen, in den LKW zu pinkeln, damit die Fahrer rechts ranfuhren und ich auf Toilette gehen konnte.

Schließlich kamen wir am Stadtrand von Lhasa an. Mein komplett mit Staub verkrusteter Rucksack wurde vom LKW Dach herunter an den Straßenrand geworfen, und ich wurde von den beiden Männern etwas unsanft daneben platziert. Sie waren sicherlich froh, den unliebsamen, blinden Passagier los zu werden. Sie fuhren ganz schnell weiter und ich stand erst etwas verdutzt am Straßenrand. Ich klopfte mir den Staub von der Kleidung, machte meinen Rucksack sauber so gut es ging. Und da realisierte ich plötzlich, dass ich in Lhasa angekommen war, in Tibet. Ich habe mir dann schnell ein Taxi gerufen, und mich zu einem Hotel fahren lassen, dass ich mir zuvor bereits aus dem Reiseführer herausgesucht hatte. Dieses Hotel befand sich in unmittelbarer Umgebung, der noch traditionell erhaltenen Altstadt, dem Barkhor, mit dem Jokhang Tempel im Zentrum. Ich soll ja eigentlich langsam machen nach der anstrengenden Fahrt, der Höhenkrankheit, aber meine Neugierde war einfach zu groß. Ich habe schnell geduscht, und mich voller Aufregung auf dem Weg in die Altstadt gemacht. Der Jokhang Tempel ist für die Tibeter einer der heiligsten Pilgerorte, ein mehr als 1000 Jahre alter Tempel voller Schreine und Kapellen. Ich bin dann direkt staunend eingetaucht in einen Strom von Pilgern. Ja es war wirklich so, als würde man in einen Fluss springen und sich vom Wasserstrom mittragen lassen. Für die Tibeter ist dieser Ort, der Jokhang, eines der wichtigsten Wallfahrtsziele und sie folgen der Kora. Die Kora ist ein genau festgelegter, im Uhrzeigersinn zurückgelegter Pilgerweg rund um ein Heiligtum.

Plötzlich befand ich mich in einem Hinterhof umgeben von Hunderten von betenden Tibetern, dieser Hof war erfüllt von würzigen Weihrauch Wolken und die Luft war erfüllt von gemurmelten Gebeten und dem Geräusch sich drehender Gebetsmühlen. Vor einer Treppe, die nach oben zum Eingang eines kleinen Tempels führte, blieb ich staunend stehen. Ich hatte Angst, dass ich nicht rein genug sei, um die Tür zu diesem Heiligtum zu betreten. So bin ich andächtig mit gesenktem Kopf stehen geblieben um Tibet, den Menschen, den Göttern und Geistern den nötigen Respekt und Demut zu erweisen. Eine Tibeterin gab mir ein Zeichen, ich solle nach oben gehen. Was ich dann auch getan habe, doch in das Innere des Tempels habe ich mich nicht getraut, noch nicht. So habe ich mich dann auf den Boden gesetzt zwischen all die betenden Tibeter.

Und in diesem Moment habe ich mich so gut, so aufgehoben und zu Hause gefühlt, als hätte ich bereits mein ganzes Leben lang in Tibet gelebt, es war ein so wundervoller Zustand. Mir wurde auch klar, dass ich in solchen Momenten unmöglich Fotos machen kann. Nein, auch wenn das unglaublich wundervolle Motive gewesen wären, die schönen Menschen mit markanten Gesichtern, farbenfrohen Bekleidungen. Doch Fotografieren erschien mir als respektlos und unangebracht. Waren es doch Menschen, die gerade Zwiesprache mit dem Göttlichen hielten, im Moment größter Hingabe. Diese Privatsphäre, ich konnte das nicht stören oder entweihen.

Ich fühle mich mit diesen Menschen so sehr verbunden, mit ihrer liebevollen offenen Art, ihre Freundlichkeit und ihrem Glauben. War diese Reise wirklich nötig, hätte ich nicht auch in Karlsruhe diese Erfahrungen machen können? Nein nicht so intensiv,

Tibet scheint die Essenz all dessen zu beinhalten, was ich in den letzten zwei Jahren bereits kennengelernt habe. Gelebte Spiritualität, Respekt vor der Natur, Mystik. Ich kann Vieles intuitiv verstehen, was ich an Eindrücken aufnehme, weil ich mit dem Herzen sehe.

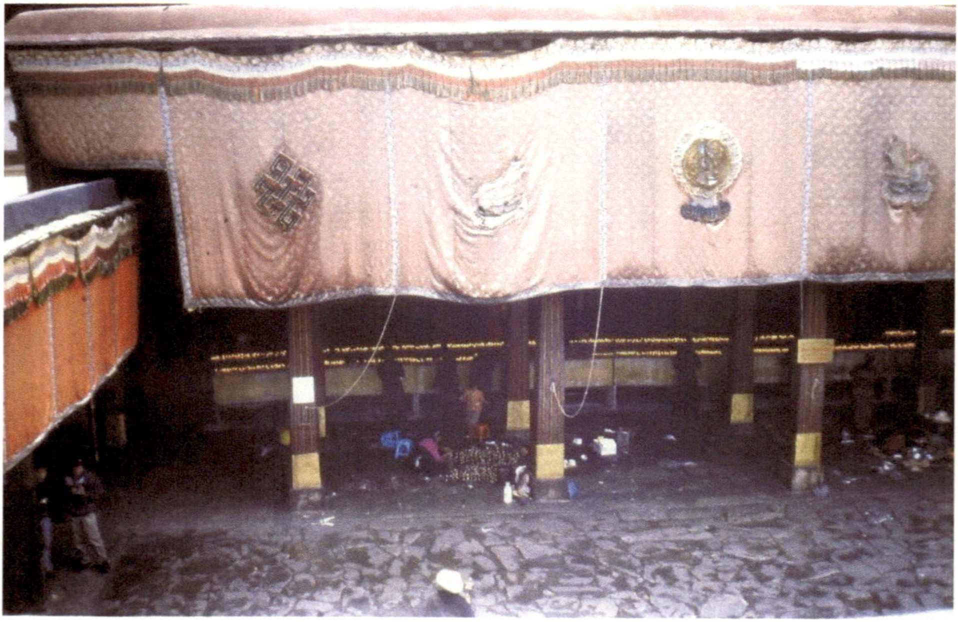

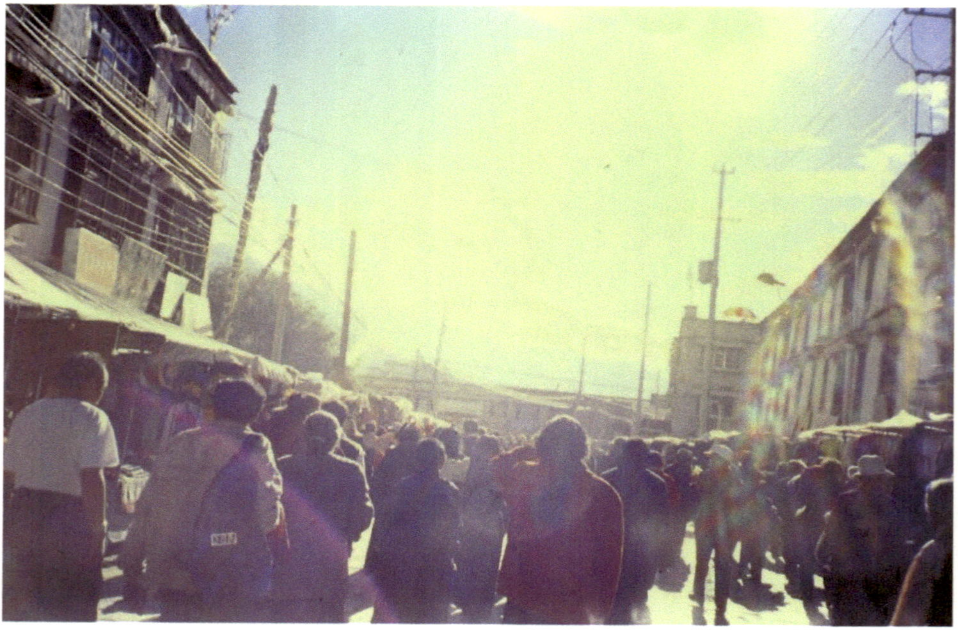

Kapitel 2 - 12.06.2000, Lhasa

Heute bin ich einem anderen Pilgerweg gefolgt, rund um den Potala Palast, dem ehemaligen Amtssitz des Dalai Lama. Dieses riesige Gebäude enthält angeblich über 1000 Zimmer. Eine riesige Festung, man könnte es fast schon eine kleine Stadt nennen. Auf einem Berg über der Stadt gelegen. Das Gebäude selbst werde ich nicht besuchen, es ist inzwischen eine ätzende Touristen Abzocke, mit hohen Eintrittsgeldern, für ein leer geplündertes blutarmes Gebäude. Dessen Zimmer verwanzt und Kamera überwacht sind.
Die Kora um den Potala Palast herum ist gesäumt von Hunderten von großen, in Reihe auf Holzpfählen senkrecht stehenden Gebetsmühlen. In Reihe montiert, so dass man im Vorbeigehen mit der Hand an ihnen vorbei streichen und sie so zum Rotieren bringen kann. Sie enthalten 1000de von kleinen Papierrollen, mit Gebeten, mit Mantren bedruckt sind. Die Tibeter glauben, dass beim Rotieren der Gebetsmühlen die Gebete ihre Energie freisetzen und in den Himmel getragen werden. Ich habe sie alle gedreht und mein rechter Arm tut mir jetzt noch weh. Ich werde von vielen Tibetern und Chinesen unverhohlen verdutzt angeschaut, wegen meiner hingebungsvollen Gebete, doch ich folge meiner inneren Stimme und füge den vielen 100 Tausenden von Gebeten, die tagtäglich gesprochen oder durch das Drehen der Gebetsmühlen in den Himmel getragen werden, gerne meinen Teil hinzu. Die Koras sind lange überliefert und manchmal führen sie quer über eine stark befahrene mehrspurige Straße, die sich zu früheren Zeiten dort noch nicht befunden hat. Trotzdem wird die Tradition gewahrt und dann geht es eben quer über die jetzt hier vorhandene Fahrbahn.

Kapitel 3 - 15.06.2000, Lhasa

Heute habe ich einen wundervollen Platz entdeckt. Du würdest ihn auch lieben, da bin ich mir sehr gewiss. Stelle Dir folgendes Szenario vor. Ein schmaler Pfad, gesäumt von Pilgern, Bettlern, Mönchen und Nonnen. Die Luft ist erfüllt von tibetischer Musik. Tief vibrierende Töne von Hörnern, der Klang von tibetischen Klarinetten und schallend aufeinanderprallenden Becken.

Der Weg führt nach oben strebend zu einem Berg hin, dessen Flanke über und über mit in Stein geritzten oder gemalten heilige Texten, Buddha Figuren und Bilder bedeckt ist. Vom Gipfel herab sind Tausende von Gebetsfahnen an langen Seilen gespannt, welche sich im Wind wie Wellen bewegen. In der Luft tanzen Tausende farbiger eckiger Gebetszettel, welche von den Gläubigen in die Luft geworfen werden und dann langsam nach unten schweben. Die Fahnen und Papierstücke sind mit Gebeten und Bildern bedruckt, welche durch den Wind in den Himmel getragen werden. Oft ist auf ihnen das Feuerpferd abgebildet, welches in den Himmel reitet.

Der Pfad wird zu einer großen Treppe, auf der man sich entlang des Berges nach oben bewegt. Besonders Gläubige werfen sich zu Boden, und mit ihrer Körperlänge messen sie den Weg aus. Dann erheben sie sich und werfen sich erneut zu Boden. Bis sie den Pilgerweg komplett durch ständiges Niederwerfen umrundet haben.

Oft werden den Buddha Figuren, den Heiligen und Götterfiguren kleine Opfergaben dargebracht wie Essen, Trinken, Süßigkeiten, kleine Tonfiguren, Bargeld oder abgeschnittene Haare. Oben auf dem Berg angekommen war ich von diesen vielen wunderbaren Eindrücken fast erschlagen. Nach einer kurzen Klettertour traf ich oben auf drei junge Mönche. Da die Tibeter sehr herzliche, offenherzige Menschen sind, haben wir uns sehr schnell angefreundet und ein langes, interessantes Gespräch begonnen. Unter Anderem kam ich in den Genuss einer Tibetisch Unterrichtsstunde.

Da es der heiß wurde, haben wir uns am Gipfel direkt unter den wundervollen und sehr geheimnisvollen Vorhang der farbigen Gebetsfahnen gesetzt. Als Wind aufkam, war über uns ein wogendes Meer aus Farben und Gebeten, dass in ständiger Bewegung war. Das hat mich so berührt, dieses Bild, dieser perfekte Augenblick. Die drei Mönche sind im Alter von 17-22 Jahren, und ihnen hat es auch Spaß gemacht, Bilder zu knipsen. Ich weiß nicht ob das klappt, diese Stimmung dort oben auf Bildern festzuhalten. Doch in meinem Herzen hat dieser besondere heilige Ort bereits jetzt einen festen Platz eingenommen. Und meine Eindrücke sind dort für immer abgespeichert.

Der Berg heißt Chakpo Ri, eiserner Berg. Dieser Name bezieht sich sicherlich nicht auf die hässliche, riesige Funkantenne, die von den Chinesen auf der Bergspitze errichtet wurde und diesen Ort optisch verschandelt und den heiligen Ort entweiht. Manche der Steingravuren in den Felsen sind mehr als 1000 Jahre alt.

Auf dem Weg nach unten musste ich doch tatsächlich als Tourist eine Eintrittskarte kaufen zum Besuch dieses Berges. Auf dem Ticket steht, dass sich 9000 Buddha Figuren auf dem Berg befinden. Ich habe nicht nachgezählt. Für morgen habe ich mich bereits wieder mit meinen drei neuen Freunden hier verabredet sie heißen Mulahm, Chian Chianzo und Tschenli. Ich freue mich sehr, denn die drei sind sehr nett und haben eine wundervolle jugendliche Naivität und Neugier. Sie haben ganz unverblümt meine Tasche geplündert und alles darin genau begutachtet.

Fotos, Steine, Kamera, Reiseführer und Schweizer Messer. Viele meiner mitgebrachten Steine, besonders der an der Kette befindliche Heilstein an meinem Hals, brechen sehr schnell das Eis mit den Tibetern. Denn sie lieben Steine und Schmuck und oft kommt so sehr schnell ein netter Kontakt zustande. Morgen werde ich einen mehrtägigen Ausflug zusammen mit Mister Ho, meinem chinesischen Zimmernachbarn ins Landesinnere unternehmen, zum Kloster Samje. Die Klosteranlage ist ein riesengroßes, dreidimensionales Mandala. Dann werde ich wieder nach Lhasa zurückkehren, einen Teil meiner Sachen lasse ich hier im Hotel. Ich werde die Schule besuchen und zu heiligen Seen pilgern. Dort werde ich die Stille suchen und meditieren. Danach werde ich mich in einem gemächlichen Tempo langsam zum heiligen Berg Kailash, dem Schneejuwel, begeben.

Ich habe auch bereits mein Nepal Visum besorgt, kann also hoffentlich problemlos über die nepalesische Grenze. Doch das ist Zukunftsmusik.

Gestern habe ich das Kloster Drepung, besucht, welches bis 1959 Hauptsitz des Staatsorakels war. Ein besonderer Mensch, der zu allen wichtigen Staatsfragen vom Dalai Lama konsultiert wurde. Das Orakel fällt in Trance und wird von einem Geist besetzt, der durch das Orakel spricht, Fragen beantwortet oder Prophezeiungen macht. Ich habe zu dem Orakel gebetet und um Führung gebeten. Und um die richtigen Visionen, nicht nur für mich, sondern auch für meine Freunde und Familie.

Kapitel 4 - 16.06.2000, Kloster Samje, Lhasa, Wasser Segen Tempel

Wau, mein neuer chinesischer Freund und Zimmernachbar ist ja leider bereits abgereist, der andere Mitbewohner Hau, ich nenne ihn liebevoll Mister Ho, ist so eine Art spiritueller Weggefährte geworden. Er spricht leider nur Chinesisch und so lange Wau noch bei uns war, konnte er auf Englisch übersetzen.

Nun hat Mister Ho mir vorgeschlagen, dass ich ihn zum Kloster Samje begleiten solle. Das ist eine Klosteranlage, die von oben betrachtet ein riesiges dreidimensionales Mandala darstellt. Da wir noch zwei weitere Chinesen gefunden haben, einer spricht englisch und kann übersetzen, konnten wir unseren Ausflug zum Kloster beginnen. Eigentlich brauchte ich als Tourist eine schriftliche Genehmigung, ein so genanntes Permit, dass das Kloster in einem anderen chinesischen Zuständigkeitsbereich liegt. Doch da ich mit drei Chinesen unterwegs war, haben diese die Formalitäten erledigt, und Fahrkarten für den Bus besorgt. So konnte ich für wenig Geld reisen. Am Busbahnhof erlebte ich einen großen Schock. Ich hatte bei all der Aufregung meine Tasche im Taxi vergessen. Darin befand sich meine neue, teure Spiegelreflex Kamera, mein Schweizer Messer, mein „Lonely Planet" Tibet Guide, diverse Papiere wie Krankenversicherung etc. sowie alle Fotos von meinen Freunden und Familie. Da die Taxis hier nicht mit Funkgeräten ausgestattet sind haben wir erstmal bei der nächstgelegenen Polizeistation eine Verlustmeldung gemacht. Mehr konnten wir jetzt sowieso nicht tun. Denn unsere Reise zum Kloster wollte ich nicht versäumen. Obwohl ich mich über meine Schusseligkeit geärgert habe, war ich dann doch ganz ruhig, habe gebetet und alle Engel, Geister, Heiligen gebeten, mir beim Wiedererhalt meiner Tasche zu helfen.

Die Reise begann mit einer 3 Stunden langen Busfahrt bis zu einer Fährstelle. Wundersamerweise gab es dort heute keine Polizeikontrolle, offensichtlich haben meine Gebete geholfen. Von dort sind wir dann in eine Fähre geklettert und über den heiligen Fluss Brahmaputra im großzügigen Zickzackkurs übergesetzt, da es im Wasser viele Sandbänke gibt. Es war atemberaubend schön, der ruhige Fluss, umrahmt von den gigantischen Bergen. Ich kam mir

angesichts dieser Weite so klein und unbedeutend vor. Die Formen sind klar und die Farben und Lichtverhältnisse bezaubernd. Die Luft ist so rein wie eine Vitaminkur. Der Fährmann war sehr wortkarg und starrte mit unbeweglicher Miene konzentriert auf das Wasser.

Am anderen Ufer stiegen wir in einen Bus und fuhren zum Kloster Samje. Es war überhaupt nicht schön dort, das Kloster Hotel ein öder Betonklotz, viele ursprüngliche Gebäude zerstört oder vergammelt. Nachts hatte ich jedoch ein wundervolles Erlebnis. Plötzlich ertönten tiefe vibrierende Töne über den ganzen Hof. Neugierig geworden folgte ich den Klängen durch die Dunkelheit und kam vor einem Tempel zum Stehen. Auf dessen Dach standen vier Mönche und bliesen abwechselnd in riesige Hörner. Es war ein magischer Moment, dazustehen unter dem klaren Sternenhimmel und diesen Klängen zu lauschen, die durch die klare Luft direkt zu den Göttern getragen zu werden schienen. Später bin ich dann noch auf das Dach geklettert und habe mich mit einem der Mönche unterhalten.

Am nächsten Morgen sind wir um 5:00 Uhr morgens aufgestanden, ein wenig kaltes Wasser ins Gesicht gespritzt, dann sind wir auf die Pritsche eines LKWs geklettert, auf der sich schon viele tibetische Pilger, Nonnen und Mönche befanden. Die rumpelige Fahrt führt uns im Zickzack in die Berge, höher und höher hinauf. Ich habe teilweise schon geschluckt, da ging es seitlich zig 100 m tief nach unten. Schließlich erreichten wir einen Parkplatz. In der Dämmerung erkannten wir hoch oben in den Bergen ein Gebäude, sowie winzige Hütten in dessen unmittelbarer Umgebung.

Zu Fuß wanderten wir weiter, zuerst durch ein üppig grünes Tal mit Bächlein, dann einen sich immer steiler windenden Pfad nach oben. Die Tibeter sind, teilweise mit schweren Körben auf dem Rücken in zügigem Tempo den Berg hinaufgeklettert. Doch wir, ungeübt und mit Rucksäcken beladen, haben über 4 Stunden für den Aufstieg benötigt. Wir mussten oft pausieren, da die Luft immer dünner wurde und trotz heftigstem Keuchen kaum Sauerstoff da zu sein schien beim Einatmen.

Doch schließlich erreichten wir die erste Etappe, einen Schrein mit Abbild von Guru Rinpoche. Sicherlich Tibets wichtigstem Heiligen, der lange Zeit hier oben gelebt und meditiert hat.
Ein Lama entdeckte uns und begrüßte uns aufs Herzlichste. Ich schenkte ihm ein Bild des Dalai Lama. Er war so aus dem Häuschen über dieses Geschenk, dass er mich gesegnet hat und mit seiner Stirn die Meine berührte. So eine Art mentale Blutsbrüderschaft.
Er hat uns verraten, dass in der Nähe ein Fußabdruck Buddhas zu finden sei. Wir haben diesen lange erfolglos gesucht doch schließlich weiter oben mit Blick nach unten entdeckt. Es handelt sich dabei um einen großen Felsen, von oben betrachtet in der Form eines gigantischen Fußes.

Mister Ho und ich haben am Schrein für Guru Rinpoche eine kleine Zeremonie abgehalten, ihm Weihrauch und Tee geopfert. Und ich habe mir auch einige Haare abgeschnitten und sie dort gelassen. Der Moment hat mich sehr ergriffen und ich musste weinen vor Glück. Und ich könnte schwören, dass das Bild von Guru Rinpoche mich wohlwollend angelächelt hat. Der Guru hat im Felsen unter dem Bild einen Rückenabdruck im Fels hinterlassen. Wenn man Schmerzen hat und die betreffende Körperstelle an diesem Felsen reibt, kommt es zu Spontanheilungen.

Wir sind später weiter nach oben geklettert und erreichten schließlich das Gebäude, das wir bereits vom Tal aus bereits gesehen hatten. Eine zentrale Gemeinschaftsküche. In den umliegenden Berghängen erkannten wir winzige Hütten und Höhlen, in denen Mönche und Nonnen leben und beten. Ein bis zweimal am Tag holen sie sich ihr Essen oder heißes Wasser in der Gemeinschaftsküche ab. Jeder ist mal mit Küchendienst dran.

Neben dem Gebäude befindet sich ein besonderer Ort, die Höhle, in der Guru Rinpoche jahrelang gelebt und meditiert hat. Ich bin mehrmals dort hineingekrochen und habe um Schutz gebeten, um eine glückliche Reise und um den Wiedererhalt meiner verlorenen Tasche. Man spürt immer noch die starke Energie des Gurus an diesem Ort.

Wir durften unsere Zelte auf dem Dach der Küche aufschlagen, denn das umliegende Gelände war sehr uneben.

Der Ausblick von dort oben, circa 4500 m über Meereshöhe ist unbeschreiblich. In der Ferne sieht man den Fluss, die Hänge sind dank des Bachlaufes die üppig grün und Vieles blüht und duftet.

Wundervolle fremdartige Vögel waren zu sehen und Yaks. Die tibetischen Raben haben leuchtend rote Schnäbel. Ab und zu sieht man den einen oder anderen Einsiedler in roter Kutte vorbeigehen oder man hört deren Rufe. Wir sind dann herrlich aromatische Wildkräuter und Brennnessel sammeln gegangen.

Zurück von unserer Suche, haben wir den mürrischen Koch dazu überredet, uns den Herd zum Suppe kochen zu überlassen. Er hat zwar sehr unfreundlich getan, uns aber dann doch noch Gemüse beigesteuert, damit wir eine leckere Suppe kochen konnten. Er war auch so nett, etliche für uns ungenießbare Kräuter aus unserer Sammlung auszusortieren.

Schmatzend und mit Wohlbehagen haben wir dann den Topf leer gegessen, unter großem Gelächter der anwesenden Mönche und Nonnen, welche gerade Küchendienst hatten.

Übrigens müssen alle Lebensmittel und benötigte Materialien nach hier oben geschleppt werden, da oben wächst ja nichts Essbares, außer Kräutern. Nur ab und zu wird einmal ein Yak geschlachtet und gegessen. Dann wird eine Zeremonie für die Seele des geschlachteten Tieres abgehalten.

Wir haben auch einen Einsiedler in seiner Höhle besucht, er hat dort circa 3-4 m² zum Leben, ein sehr feiner alter Mann mit leuchtenden, lebendigen Augen. Er hat uns mit Tee und steinharten Keksen bewirtet, und ich habe mich mit meinem letzten Dalai Lama Foto als Geschenk an ihn dafür bedankt. Auch eine alte Nonne war sehr freundlich zu uns, sie hat mit mir zusammen gebetet und mich mit heißem Wasser versorgt, damit ich Tee kochen konnte. Nachts begann es zu regnen, es hat die ganze Nacht heftig durchgeregnet. Trotzdem saß neben dem Zelt ein alter Mönch im Freien und wir konnten ihn die ganze Nacht laut betet hören.

Am nächsten Morgen war alles regennass. Wir haben unsere Sachen zusammengepackt und uns bald auf den Weg nach unten gemacht. Wir ließen der Gemeinschaft eine großzügige Geldspende da. Der Abstieg war natürlich sehr viel leichter als der Aufstieg und ich habe mich immer wieder umgedreht und diesen wunderbaren Ort angesehen und innerlich Abschied davon genommen. Meine Kamera war ja weg und so habe ich mir alle Eindrücke viel intensiver eingeprägt. Das Wort „Paradies" kam mir hier dabei sofort in den Sinn.

Der LKW wartete schon unten auf dem Parkplatz, er fährt nur einmal am Tag von hier weg. Und so haben wir noch einige Stunden gewartet auf weitere Mitfahrer, nach und nach kamen immer mehr Leute nach unten. Ein alter Lama fiel mir besonders auf, ein heiliger alter Mann mit viel Humor und Lachfalten im Gesicht. Wir rumpelten zurück zum Kloster Samje und von dort fuhren wir weiter zur Fähre. Auf der Rückfahrt über den Fluss saß ich ganz vorne und ließ meine nackten Füße ins Fahrwasser baumeln. Was für eine Wohltat.

Der Lama suchte lange in seiner Bibliothek nach dem passenden Gebet Der alte Lama nahm meine Gebetskette an sich und segnete sie. Dies war eine sehr liebevolle Geste. Er hatte eine tiefe Kerbe im Daumennagel vom jahrelangen Beten und Gebetsperlen zählen.

Als wir am anderen Ufer ankamen, wartete eine böse Überraschung auf uns. Ein chinesischer Polizist kam direkt auf mich zu und verlangte meinen Reisepass. Er sagte mir, dass ich keine Erlaubnis, kein Permit zum Besuch des Samje Klosters habe und dass mich dies eine hohe Geldstrafe kosten würde. Meine chinesischen Freunde erzählten dem Uniformierten, dass ich meine Tasche in Lhasa verloren habe und dass ich den Verlust bereits der dortigen Polizei gemeldet habe.

Das fehlende Permit sei zusammen mit meiner Tasche verloren gegangen, dies war natürlich eine Notlüge. Nachdem der Polizist mich sehr streng verwarnt und ich sehr reuevoll getan hatte, ließ er mich gehen, ohne Strafe bezahlen zu müssen.

In Gedanken dankte ich Guru Rinpoche für seine Hilfe, hatte ich doch bei ihm um eine sichere Reise gebeten.

Ich bin mir sicher, dass ich meine Tasche wieder bekomme samt Inhalt. Wir haben heute in der Taxizentrale angerufen und eine hohe Belohnung für den Wiedererhalt ausgesetzt.

Heute haben Mister Ho und ich den Water Blessing Tempel, den Wasser Segen Tempel, besucht. Ein dreistöckiges Gebäude, in dem sich eine riesige Buddha Figur befindet, die drei Stockwerke hoch ist. Im Erdgeschoss sieht man nur die überkreuzten Beine der Figur, im ersten Stock den Oberkörper und Arme und im oberen Geschoss dessen Kopf und seine zum Segen erhobene rechte Hand.

Von dieser Hand ausgehend ist eine lange Schnur quer durch den Raum gespannt. Sie reicht bis zu dem Platz, an dem ein alter Lama betet.

Das Ende des Fadens wird in einen Wasserkrug gehängt und der Segen der riesigen Figur geht auf das darin enthaltene Wasser über. Dieses hat dadurch besondere Heilkräfte. Viele Tibeter besuchen diesen Tempel, um Heilung zu erlangen. Wir warteten lange in einer großen Menschenmenge. Als Mister Ho und ich an der Reihe waren, knieten wir uns vor dem Lama hin, unsere Köpfe nach vorne gebeugt, und der Lama goss geweihtes Wasser über unsere Köpfe und gab uns auch davon zu trinken. Er läutete mit einer besonderen Glocke um unseren Kopf herum und deren Klang reinigte unsere Aura. Man konnte es direkt spüren. Danach erhielten wir mit einem geweihten Stock mehrere Schläge auf den Kopf und die Schulter. Wir erhoben uns und machten den nächsten Pilgern Platz.

Danach saßen wir noch längere Zeit auf einer Bank und beobachteten die Szenerie. Eine alte Frau kam gebückt vor Schmerzen zum Lama gehumpelt, sie wurde dabei von einem jungen Mann gestützt, da sie nicht ohne Hilfe gehen konnte. Als er es gefunden hatte, hielt er für die Frau eine Heilzeremonie ab. Er goss ihr geweihtes Wasser über den Kopf, betete für die Frau und schließlich konnte diese sich schmerzfrei erheben und aufrecht gehend den Tempel verlassen. Dies war sehr beeindruckend.

Kapitel 5 - 19.06.2000, Lhasa

Jeden Tag begebe ich mich auf heilige Pilgerwege, in der linken Hand halte ich meine Gebetskette und bete mein Mantra „Om Mani Padme Hum". Ich gebe den Bedürftigen Geld, opfere Räucherwerk in den großen Räucheröfen vor dem Jokhang Tempel. Werfe mich zu Boden vor den heiligen Bildern, Orten, Heiligen und bitte um Segen und Schutz für meine Freunde und Familie. So findet in mir eine ständige Reinigung statt und mein Ego hört auf zu wollen, zu nerven. Manchmal bin ich selbst verblüfft darüber, wie schnell ich mich im tibetischen Buddhismus eingelebt habe und dies mit einer großen Sicherheit. Ja ich muss schon einmal mindestens in einem früheren Leben Tibeter gewesen sein. Zu vertraut ist mir Vieles, anders kann ich mir das nicht erklären.

Wenn ich bete oder pilgere dann werde ich oft erstaunt von Einheimischen angesehen oder angesprochen. Und ich spüre ihre Freude darüber, ihren Stolz, dass ein Fremder den weiten Weg aus Deutschland hergereist ist, um an ihrem Glauben teil zu haben. Diese gemeinsame Basis macht ein Gespräch einfach. Das wertvollste, aber absolut verbotene Geschenk an einen Tibeter ist ein Foto des Dalai Lama. Ich habe einige davon mitgenommen, gut versteckt damit ich beim Zoll keine Probleme bekomme. Und es ist herzergreifend, wie sehr sich viele Tibeter die Rückkehr ihres religiösen Oberhauptes wünschen. Und wie sehr so ein geschenktes Foto diese Menschen berührt.

Vor wenigen Tagen habe ich ein Nonnenkloster entdeckt. Da im Inneren des Tempels die Nonnen gerade mit Gebeten beschäftigt waren, blieb ich draußen sitzen und habe Eindrücke gesammelt. Kurze Zeit später wurde ich nach innen gebeten und durfte zwischen den Nonnen sitzen. Mit ihnen mitbeten und bei diversen Ritualen mitmachen. Anfangs war ich natürlich sehr nervös, etwas falsch zu machen. Teilweise gab es großes Gelächter von Seiten der Nonnen, als ich mich zum Beispiel mit größter Inbrunst zu Boden geworfen habe als Demutsbezeugung.

Das gefällt mir so sehr in den Tibetern unter Anderem, ihr großer Humor. Während Betens haben sich die Nonnen immer wieder zu mir umgedreht, und verstohlen gegrinst. Es ist aber keine Schadenfreude, weil ich nicht perfekt bete. Sondern ein wohlwollendes, ermunterndes Lächeln. Ich habe für eine Nonne aus meinem Reiseführer das dort abgebildete Dalai Lama Bild herausgerissen und es ihr geschenkt. Wir haben uns dann während des Gottesdienstes immer wieder verstohlen konspirativ zugezwinkert.

Jeden Tag lasse ich mich von meiner Intuition leiten und jeden Tag geschehen Wunder, anders kann ich es nicht nennen. Wundervolle Eindrücke und bewegende Treffen mit den Einheimischen. Und obwohl überall chinesische Spitzel sein können, auch als Mönch gekleidet. Selbst Tibeter, die für die Chinesen arbeiten gibt es. Und Überwachungskameras in der Innenstadt. Man muss also sehr vorsichtig sein was man sagt und zu wem. Besonders das Thema Data Lama kann einen Tibeter schnell ins Gefängnis bringen. Es kommen doch oft Gespräche im Gang. Ich erzähle dann, dass ich jeden Tag für die Tibeter, für den Dalai Lama und seine Rückkehr nach Tibet bete.

Dass Tibet vom Rest der Welt nicht vergessen wurde und dass sich viele Menschen für Tibet einsetzen.

Ich sehe jeden Tag, wie auf subtile Art und Weise versucht wird, diesen Menschen ihren Glauben, ihren Stolz, ihre Kultur zu nehmen. Gestern Abend war ich zum Beispiel in einem Neubaugebiet mit hässlichen Mietskasernen. Grauenvoll, ein friedliebendes Natur- und Nomadenvolk in schlecht gebauten Mietskasernen unterzubringen.
Gestern war der Geburtstag Buddhas, ich habe zur Feier des Tages etwas für mich Besonderes getan. Ich habe gewartet bis spät abends, damit mich niemand dabei beobachtet. Vor dem Haupteingang des Jokhang Tempels befinden sich auf dem Boden riesige Steinblöcke. Diese sind glattpoliert, von den Tausenden von Pilgern, die sich auf diesen Steinen immer wieder zu Boden werfen in Richtung Tempel als Demutsbezeugung, und die dabei die Steine im Laufe der Hunderten von Jahren glatt gewetzt haben.

Spät abends habe ich mich dann selbst viele Minuten lang auf diesen Steinen zu Boden geworfen, als Zeichen meines Respektes, als Zeichen meiner Demut. Keiner hat mich dabei beobachtet. Ich habe das für mich getan, und nicht als Show für andere Menschen.

Kapitel 6 - 24.06.2000, Lhasa

Nun ist es da, das Loch in das ich falle. Diese Phasen kommen immer mal wieder und ich kenne sie ja schon. Ich habe im Moment ein großes Bedürfnis nach Privatsphäre und Ruhe. Lhasa wuselt und lärmt und stinkt auch ziemlich oft. Im Hotel stürmen Leute oft ungefragt einfach in unser Hotelzimmer, dass wir uns ja zu dritt teilen. Da ich mich gut genug kenne, weiß ich, dass dies alles nicht der Auslöser der Krise ist. Doch hilft mir Ruhe und Zurückgezogenheit, mich schneller wieder zu sammeln.

Vielleicht ist es auch ein zu Viel an so vielen Eindrücken, die täglich auf mich wirken. Es ist für mich eine sehr gute Übung, trotz dieser oft lauten Umgebung trotzdem meine Mitte zu finden und darin zu verweilen. Gestern Abend habe ich einen neuen Freund besucht, Sanggya, ein Mönch, der zusammen mit einem Assistenten in einem kleinen Tempel arbeitet und auch lebt. Das kleine, gelbe Gebäude besteht aus einem quadratischen Raum, circa 10 m² groß, in dessen Mitte sich eine riesige Gebetsmühle befindet.

Ich besuche oft diesen kleinen Tempel denn ich mag ihn sehr. Sanggya lud mich neulich ein, mich neben ihn zu setzen, und wir haben uns sehr lange intensiv unterhalten. Er lernt gerade Englisch und freut sich immer, wenn er mit Touristen reden kann um zu üben.

Sein Tagesablauf sieht so aus: um 8:00 Uhr Tempel öffnen, bis 13:00 Uhr beten, dann bis 18:00 Uhr fegen und Altäre reinigen, Opfergaben vorbereiten, Butterlampen etc. versorgen, 18:00 Uhr bis circa 21:00 Uhr beten. Dann den Tempel schließen und im kleinen Nebenzimmer essen und schlafen. Dort befinden sich zwei kleine Schlafstellen und Kochstelle.

Als ich Sanggya gestern besucht habe, betete er gerade und er bat mich, im Nebenraum auf ihn zu warten. Dort hat er mich dann mit einem traditionellen tibetischen Mönchsessen versorgt, sehr spartanisch. Bestehend aus Tsampa, das ist geröstetes Gerstenmehl, das mit salzigem Yakbuttertee zu einem Teig verkneten und roh gegessen wird und Yakmilch Joghurt. Diese Delikatesse gibt es in ganz Lhasa nicht zu kaufen, es ist ein Geschenk seiner Familie vom Lande.

Sanggya hat noch einen Assistenten, der ihm hilft, so müssen die beiden zu zweit den Tempel versorgen und sie leben von Spenden. Ich mag Sanggya sehr gerne, er spricht sehr langsam und wohlüberlegt und ich habe die Gelegenheit, sozusagen Backstage, etwas über das Mönchsleben zu erfahren.

Vieles hat er mir erzählt, zum Beispiel, wie schwer es die Mönche unter der chinesischen Führung haben. So ist es zum Beispiel kein Zufall, dass der Barkhor, also der traditionelle Pilgerweg um den Jokhang Tempel herum, von überwiegend zugereisten chinesischen Händlern bevölkert wird.

Die chinesische Regierung gibt diesen Menschen, um sie nach Tibet zu locken zinsfreie Kleinkredite. So befinden zum Beispiel vor dem kleinen Tempel zwei Verkaufsstände, die Musikkassetten verkaufen. Und dort wird teilweise so laut Musik gespielt, dass man davon Ohrenschmerzen bekommt. Man muss kein Tibeter sein um zu verstehen, wie störend sich das im Tempel bemerkbar macht. Sanggya hat mir erzählt, dass er großen Ärger mit der Polizei bekommt, wenn er sich darüber beschwert.

Das sind typische Beispiele, wie die Menschen hier in der Ausübung ihrer Religion und Kultur gehindert werden. Ich freue mich über das Vertrauen, dass Sanggya mir entgegenbringt. Denn als Tibeter kann man sich nie sicher sein, ob man sich keinen Ärger bei der Unterhaltung mit einem Fremden einhandelt. und seine Frage: „are you a spy? – bist Du ein Spitzel?" war nicht nur ironisch gemeint.
Ich habe ihm erzählt, dass es viele Menschen weltweit gibt, die sich für die Rechte der Tibeter, ihre Kultur und das Land einsetzen. Auch habe ich ihm viele meiner eigenen Beobachtungen mitgeteilt. Und meiner Besorgnis über die Veränderung Lhasas und des ganzen Landes Ausdruck gegeben. Doch auch meiner Hoffnung, die hauptsächlich auf den tiefen Glauben der Tibeter beruht. Die Chinesen haben es nicht geschafft, diesen bisher zu brechen.

Vorgestern war Mister Ho mit mir bei der Polizeizentrale und haben die Polizisten dort vom Verlust meiner Tasche berichtet. Mister Ho hat, wie ich erst später erfuhr, da ich ja kein Chinesisch spreche, der Polizei erzählt, ich sei Journalist einer wichtigen deutschen Zeitung und in der Tasche seien meine Aufzeichnungen und meine Kamera.

Daraufhin wurden die Polizisten plötzlich sehr aktiv. Mittags mussten wir uns zig Karteifotos von Taxifahrern ansehen, das war wie im Krimi. Danach sind wir im Polizeibus kreuz und quer durch die Stadt gefahren, um zu sehen, ob wir vielleicht das besagte Taxi irgendwo erspähen können. Alles in allem eine ziemliche Pleite.

Heute Morgen haben wir ein Taxi entdeckt, dass möglicherweise das Gesuchte sein könnte und uns die Nummer des Taxis notiert.

Apropos verlorene Tasche. Sanggya war erfreut über den Verlust, er sagte das ist sehr gut für mein spirituelles Wachstum, denn je weniger Besitz ich habe, desto weniger Ablenkung vom Wesentlichen sei da. Ich habe beigepflichtet, dass meine Gesundheit der wichtigste Besitz sei sowohl körperlich als auch geistig.

Eine Anmerkung nachträglich: Liebe Leserin, lieber Leser,

falls Du Dich fragst, ob ich meine Tasche samt Inhalt jemals wiederbekommen habe. Die Antwort lautet: Nein! Sie blieb verschollen. Eine kurze Zeit war ich ohne Kamera unterwegs und hatte daher keine Möglichkeit, Fotos zu machen.

So habe ich festgestellt, dass ich dadurch meine Umgebung viel aufmerksamer betrachtet und wahrgenommen habe. Ich musste mir alles ganz genau einprägen. In dem Wissen, dass ich keine Eindrücke auf einem Bild festhalten kann. Oder auf der Suche nach besonders fotogenen Motiven bin.

Das Rad der Lehre Buddhas, Dach des Joghang Tempels

Jowo Shakyamuni- die weltweit am meisten verehrte Buddhafigur

Kapitel 7 - 26.06.2000, Lhasa

Vorgestern war ich so schlecht gelaunt, traurig und gar nicht so richtig bei mir. Und ein Grund dafür ist der, dass ich genau merke, dass es Zeit ist, weiter zu ziehen. Entweder zur Schule in der ich Englisch unterrichten werde oder, da ich im Moment gerne draußen in der Natur sein möchte, raus aus Lhasa.

Jedenfalls habe ich gestern ein Zeichen von oben erhalten, einen doppelten Regenbogen über den Bergen, ein wunderschöner Anblick, den ich in große Verzögerungen Freude versetzt hat. Denn ich habe schon einmal, zu einem ähnlichen Neubeginn in meinem Leben, nämlich als ich gerade in der Jolly Straße eingezogen bin und auf das Hausdach kletterte einen Regenbogen gesehen. Auch damals habe ich gemerkt, dass dieses Zeichen für mich gedacht ist, als gutes O-men. Und eine große Zuversicht kam über mich.

Gestern sprachen mich auf der Straße zwei junge Tibeter auf Englisch an und baten mich um Hilfe, Tseri, 16 und Mella, 15. Tseri's Schwester ist nach Indien, Dharamsala geflüchtet und er wollte gerne einen auf Englisch geschriebenen Brief an seine Schwester schreiben. Um ihr von seinen schulischen Fortschritten zu berichten. So haben wir uns im Hotelzimmer verbarrikadiert, damit wir ungestört reden können. Es war sehr schön, wir haben den Brief verfasst und viel geredet und dann sind die beiden weg gegangen, um 1 Stunde später mit einer großen Kanne voller Pö Tsche, Yak Butter Tee wieder zu kommen als Dankeschön für meine Hilfe. Die habe ich dann alleine leer getrunken. Die meisten Touristen scheinen echte Schwierigkeiten mit diesem Getränk zu haben, doch ich liebe es. Das ist auch gut so, denn ich bekomme oft Pö Tsche angeboten und die Tibeter freuen sich, dass ich ihr Nationalgetränk gerne mag.

Tseri und Mella waren am Anfang etwas schüchtern mir gegenüber, doch das haben sie sehr schnell abgelegt und jetzt habe ich zwei sehr pfiffige neue Freunde, die mit allen Wässerchen gewaschen sind. Wenn ich etwas brauche oder in Lhasa suche, dann bereitet es ihnen die größte Freude, mir zu helfen. Da ich seit über einer Woche erfolglos das „Annie Gompa" das Nonnenkloster, in dem ich beim Mantren beten teilnehmen durfte, gesucht habe, konnten mich die beiden zielsicher dorthin führen.

Die Nonnen waren gerade dabei, Gebetsrollen, etwa so groß wie ein Foto Film, herzustellen aber dazu später mehr. Eine dieser Gebetsrollen bekam ich geschenkt, ein neuer, willkommener Segen, und nicht der Letzte an diesem Tag.

Dann wurden wir in das Zimmer eine Nonne gebeten und dort bewirtet. Es wurde noch mehr Pö Tsche serviert und Knabbereien. Dort war sehr gemütlich und wir haben geplaudert, Tseri hat sehr viel übersetzt und ich habe die eine oder andere Tibetisch Phrase gelernt. Abends habe ich dann meinen Freund Sanggya, den Mönch und seinen Assistenten Sönam Nurpu in ihrem kleinen Tempel besucht, mit Geschenken für die beiden.

Ich habe ihnen zwei meiner langärmlichen, warmen Unterhemden für den Winter mitgebracht, Tee und Räucherwerk. Und wurde erstmal mit Pfirsichen, Tsampa und Bratkartoffeln verköstigt. Ich habe Sanggya dann einige neue Englisch Wörter beigebracht und er mir dafür ein neues Mantra zur Beseitigung von schlechtem Karma, es lautet „OHM BÄNSERRA SÄDDU AH". Ja, so lerne ich tibetisch, indem ich es genauso so aufschreibe, wie ich es höre.

Als ich Sanggya die Gebetsrolle aus dem Nonnenkloster zeigte, sagte er zu mir: "so jetzt bekommst du noch mehr Segen". Dann öffnete er eine Schachtel und ich wurde sehr reich beschenkt. Ich erhielt eine Tüte voller kleiner, tibetischer Pillen, die Sanggya 's Lehrer, ein 77-jähriger Lama nach Dharamsala, Indien mitgebracht hatte und die dort vom Dalai Lama persönlich gesegnet wurden. Für mich eine echte Kostbarkeit. Eine Tüte voller Gewürz ebenfalls vom Dalai Lama gesegnet. Eine Gebetskette, die Sanggya selbst wochenlang während seiner Gebete und Meditationen in den Händen gehalten hatte, um sie mit Segen für mich aufzuladen.

Ich war ganz hin und weg angesichts dieser wertvollen Gaben. Jetzt bin ich mit Segen sehr reichlich ausgestattet, was soll da noch schief gehen?! Wir haben noch eine Weile gesprochen und dann hat Sanggya einen Trick angewandt. Er bat mich in den Tempelraum und wir haben zusammen die riesige Gebetsmühle in Drehung versetzt, nach jeder Umdrehung ertönt ein lautes Klingeln. Erst dann öffnete Sanggya die Ausgangstür für mich. Das sollte dazu dienen, dass falls eine Polizeikontrolle vor der Tür gewartet hätte oder in Sichtweise. Dann wäre ich nur ein normaler Pilger gewesen, der noch im Tempel beten wollte.

Und kein Tourist, der sich mit Einheimischen unterhält, was unangenehme Fragen aufwerfen könnte.

Heute bin ich mittags ins Nonnenkloster zurückgekehrt, die Nonnen dort sind fleißig damit beschäftigt, Gebetsrollen herzustellen. Das sind auf Papier gedruckte Gebete, Mantren, die zurecht geschnitten werden zu Streifen. Diese werden auf ein Räucherstäbchen aufgewickelt, und seitlich versiegelt. Dann mit einem Stoffstreifen umhüllt und mit einem Papiersiegel versehen. Diese Rollen werden von einem Lama gesegnet und dann werden diese Rollen in Heiligenfiguren gefüllt, die innen hohl sind. Bevor diese im Tempel aufgestellt werden und auf diese Art sozusagen mit heiligem Leben erfüllt. Ich habe mich gleich dazu gesetzt und Gebetsstreifen geschnitten.

Zwischendurch gab es Essen und Tee, für mich gab es Reis mit Butter Tee. Die Nonnen aßen Yak Eintopf, als ich ihnen erzählte, dass ich Vegetarier sei waren sie beeindruckt. Bei der Arbeit wird sehr viel herumgealbert, das sind das lustige Späßchen untereinander und alle lachen. Es gibt keine Schadenfreude auf Kosten anderer. In der Arbeit wird auch viel gebetet, alle Nonnen stimmen einen Gebets Singsang an und sie beten über Stunden am Stück. Als ich eine Nonne fragte, ob sich der Text denn wiederhole sagte sie nein das sei ein einziges Gebet. Sie sagte „this is our short prayer", auf Deutsch „das ist unser ein kurzes Gebet". Stell dir das mal vor, die Nonnen und Mönche müssen ganze Bücher auswendig lernen und in der Lage sein, diese auswendig zu rezitieren. Mir wurde auch erzählt, dass wenn Gebete vergessen werden, die betreffende Person nicht in den Tempel darf, sondern sie hat stattdessen Küchen- oder einen anderen Dienst. Da habe ich gelacht und gesagt, dass ich bei meinem schlechten Gedächtnis als Mönch immer Küchendienst hätte.
Beim Rausgehen hat mich ein alter Tibeter mit einer Wasser-Sprühflasche nass gespritzt. Die anderen Pilger in der Umgebung bekamen auch eine Abkühlung. Ich mag den Humor der Menschen.

Abends habe ich ein deutsches Paar aus München im Hotel wieder getroffen. Susanne und Tobi, die beiden sind total nett und sehr herzlich, wir haben uns lange unterhalten. Da sie das Nonnenkloster auch besuchen wollen, habe ich angeboten, sie morgen dorthin zu führen,

Denn ich werde morgen wieder helfen, Gebetsrollen herzustellen. Die sind übrigens für den Jokhang Tempel bestimmt, da wird in Kürze eine neue Heiligen Statue aufgestellt. Ich fühle mich geehrt, meinen kleinen Beitrag dazu zu leisten. Das war übrigens recht lustig bei der Arbeit, öfters kommen tibetische Pilger in den Raum und wenn sie mich zwischen den Nonnen sitzend arbeiten sehen, stehen Einige mit offenem Mund da und glotzen mich an wie eine Marien Erscheinung. Manche haben mich auch gleich gesegnet oder breit gegrinst und sich über meinen Arbeitseifer gefreut. Die Nonnen haben mir versprochen, für mich und dann wieder Erhalt meiner Tasche zu beten Mit der Auflage, dass falls ich sie wieder bekomme ich zu den Nonnen zurückkehre und ihnen die in der Tasche befindlichen Fotos meiner Familie und Freunde zu zeigen.

Ich habe mir, da ich nicht ohne Kamera sein möchte, eine preiswerte chinesische Ersatzkamera gekauft. Denn ich habe ja viele Dia Filme im Gepäck. Und die Aufgabe, mit Fotos meine Reise zu dokumentieren, denn zurück in Deutschland möchte ich Diavorträge halten. Wenn meine teure Kamera wiederauftaucht, dann verschenke ich meinen Zweitapparat.

Kapitel 8 - 10.07.2000, Ausflug aufs Land

Zusammen mit Mister Ho und zwei Frauen aus Taiwan haben wir eine viertägige Trekking Tour aufs Land unternommen. Ich bin froh, wieder hier in Lhasa zu sein um auszuruhen und meine Sachen zu trocknen.

Unser Gepäck wurde von zwei Yaks getragen, und wir wurden von zwei tibetischen Reiseführern durch die Landschaft geführt. Es hat sehr gutgetan, stundenlang zu laufen in der reinen Natur nach dem langen Stadt Aufenthalt. Unsere tibetischen Reiseführer haben uns gezeigt, welche Kräuter wir sammeln können, und wir fanden auch Wiesenchampignons in großer Menge. Abends habe ich auf meinem Benzinkocher eine köstliche Pilzsuppe zubereitet. Mein sündhaft teures „Hilleberg" Zelt leistet hervorragende Dienste. Es ist sehr großräumig und Mister Ho und ich haben viel Platz darin.

Vorgestern haben wir unsere Zelte in der Nähe eines großen Nomadenzelts aufgeschlagen. Dieses besteht aus gewebter schwarzer Yak Wolle, in der Mitte befindet sich ein aus Lehm geformter großer Ofen, der zum Kochen und Heizen verwendet wird. Ganz oben in der Mitte des Zeltdaches befindet sich eine große Öffnung, durch die der Rauch abziehen kann. Als wir ankamen, hatte es gerade geregnet. Wir waren hungrig, müde und durchgefroren. Die Nomaden luden uns in ihr Zelt ein, die tibetische Mama versorgte uns mit heißem Yak Butter Tee, und bereite für uns frische Dampfnudeln über dem Feuer zu. Ein einfaches, aber sehr köstliches Mahl nach unserem langen Marsch.

Nach kurzer Zeit war es draußen wieder sonnig und wir schlugen unser Zelt auf. Innerhalb von kürzester Zeit versammelten sich viele Nomaden Kinder vor dem Eingang unseres Zeltes, und die Kinder streckten ihre neugierigen Nasen in das Zeltinnere. Das war anfangs noch amüsant, aber irgendwann wurde es mir zu viel und ich verschloss den Zelteingang. Wir haben ein Mittagsschläfchen gemacht. Und als ich das Zelt öffnete, saßen sogar noch mehr Kinder als zuvor vor dem Zelt. Es kommen hier auf dem Land sicherlich sehr wenige Reisende vorbei. Unsere Anwesenheit war für die Kinder eine willkommene Abwechslung. Ich hatte einen großen Vorrat an „Schoka-Cola". Das ist eine spezielle Schokolade, koffeinhaltig und in Dosen verpackt. Also der ideale Vorrat zum Reisen und als Energiespender.

Ich verteile etwas von dieser Schokolade an die Kinder, das waren die einzigen Süßigkeiten, die ich anbieten konnte. Die Kinder, die wahrscheinlich noch nie Zartbitter Schokolade gegessen haben, haben diese sofort angewidert ausgespuckt. Die Nomaden lassen ihre Yaks frei herumlaufen, die Tiere waren hoch in die naheliegenden Berge geklettert. Abends pfiff einer der Nomaden laut nach den Tieren. Doch diese störrischen Tiere machten keinerlei Anstalten, wieder ins Tal hinab zu klettern. Es war beeindruckend zu beobachten, wie zwei Nomaden Männer in Windeseile den Berg hochgeklettert sind, und die Yaks hinab, zurück in die Nähe des Zeltes, trieben.

Gestern Nacht gab es einen schlimmen Sturm, der Wind rüttelte am Zelt und starker Regen prasselt auf uns herunter, doch glücklicherweise waren wir davor geschützt in dem Zelt. Ich gratulierte mir in Gedanken zum Kauf dieses tollen Zeltes. Am nächsten Morgen, als ich wach wurde, herrschte draußen komplette Stille. Als ich das Zelt öffnete um nach draußen zu klettern, fiel eine große Menge Schnee ins Zelt. Über Nacht war eine große Menge Schnee gefallen und unser Zelt war komplett Zentimeter dick eingeschneit. Darum war es auch so still im Zelt.

Ich ging erst mal nach draußen und rieb mich komplett mit Schnee ein, um hellwach zu werden. Die zwei Taiwanesinnen hatten kein so großes Glück mit ihrem Zelt. Sie hatten offensichtlich ein billiges Marken Imitat gekauft, und saßen zähneklappernd in ihrem Zelt, in dessen Inneren sich auf dem Boden eine große Pfütze gebildet hatte. Im Laufe des Tages gesellte sich zu uns ein herrenloser, zutraulicher Hund, der uns Schritt für Schritt folgte. Selbst als wir einen tiefen Fluss durchquert hatten, ist er todesmutig in das reißende Wasser gesprungen und zu uns auf die andere Seite geschwommen, um weiter mit uns zu laufen. Wir kamen auf dem Rückweg wieder zu der Bootsanlegestelle, wo ich von einem chinesischen Polizisten streng verwarnt wurde, weil ich mal ein Permit nicht vorweisen konnte. Es war mir vorher nicht klar gewesen, dass unser Weg hier entlangführen würde und ich war etwas in Sorge, dass ich wieder kontrolliert werden könnte. Aber dieses Mal trafen wir auf keinen chinesischen Polizisten. Wir mussten leider den zutraulichen Hund zurücklassen.

Alternativer Reisebericht dieses Ausfluges aus einer Email an eine Freundin

Erster Tag: Aufbruch mit dem Bus zum Kloster Ganden. In aller Herrgottsfrüh stiegen wir in den Bus, der schon sehr voll war. So quetschten wir uns und unsere Rucksäcke mit hinein. Es ging eine kurvige Bergstraße hoch zum Kloster. Oben angekommen heuerten wir zwei Yaks und zwei Führer an, während die Frauen warteten, besichtigten Mister Ho und ich die Klosteranlage. Hier wurde der Gelugba (Gelbmützen) Orden von Tsong-Kha-Pa gegründet und hier kam es letztes Jahr zu blutigen Auseinandersetzungen zwischen den Mönchen, die sich weigerten, alle Dalai Lama Bilder zu entfernen und der chinesischen Polizei. Die schoss in die Menge. Dabei gab es viele Tote und Verletzte.

Vieles hier ist vom chinesischen Militär zerstört worden. Ich sah zum Beispiel an den Wänden Buddhafiguren mit herausgekratzten Augen.

Und die Renovierungen sind noch in vollem Gange. Doch man sieht, dass Vieles nicht mehr so gut wie früher wiederaufgebaut wird. Das liegt zum Teil am fehlenden Wissen über traditionelle Bauweise. Beziehungsweise an den falschen oder nicht vorhandenen Materialien. So sind zum Beispiel die Farben, mit dem Gebäude angestrichen werden von schlechter Qualität beziehungsweise die Farbtöne sind schreiend bunt. Es wirkt teilweise wie eine Attrappe für Touristen.

Dann ging die Wanderung los, anfangs bockte ein Yak und trat wild um sich, die Wanderung ging über bizarre Steinformationen in den verschiedensten Farben, entlang Gras bewachsen der Berg hänge und durch saftig bewachsene Teller. Unsere Führer stellten sich als echter Glücksfall heraus, sie waren sehr freundlich, geduldig und hilfsbereit. Wir kamen durch ein abgelegenes Bergdorf und Mister Oberschenkel die Kinder dort mit Erdnüssen. Schließlich erreichten wir nach circa 8 Stunden Fußmarsch unser erstes Ziel. Eine Gruppe von Nomadenzelten und Yak Herde auf einer weiten Wiese. Es goss in Strömen, so krochen wir erst mal in einem Nomadenzelt unter, dort wurden wir mit Tee versorgt. Und die Nomaden Mama machte auf dem in der Mitte des Zeltes gelegenen Lehmofen frische Dampfnudeln. Ah, das tat gut. Danach, der Regen hatte aufgehört, schlugen wir unsere zwei Zelte auf. Mister Ho und ich teilten uns eines und die zwei Frauen das Andere. Unsere Führer schliefen im Nomadenzelt.

Wir gingen Pilze suchen fürs Abendessen, und genossen die köstlichsten Champignons, die ich je gegessen habe. Inzwischen waren wir von neugierigen Kindern umringt, die uns ununterbrochen anschauten, selbst beim abseits gelegenen Pinkeln wollte man uns nicht in Ruhe lassen. War es anfangs noch lustig so wurde es uns schließlich doch zu viel und wir haben die Kinder verjagt, mit Hilfe eines unserer verständnisvollen Führer. Nach einem solchen erschöpfenden Marsch will man doch mal eine Weile ungestört und unbeobachtet sein.

Dann haben wir einen Nudeleintopf gekocht und endlich konnte ich dabei meinen benzinbetriebenen Campingkocher einweihen. Und später haben wir noch gemeinsam am Lagerfeuer gesessen. In der Dämmerung kamen auch die Nomaden mit den Yaks und Schafsherden zurück, die sie in schwindelerregenden Berghöhen zusammengetrieben und zu uns hinab ins Tal getrieben haben. Wobei unser „Tal" sich circa 4000 m über Meereshöhe befand.

In der Nacht wurde ich wach, starker Regen prasselte auf das Zelt und draußen tobte ein unglaublich starker Sturm. Ich habe mich zum Kauf meines sündhaft teuren „Hilleberg" Zelt beglückwünscht, das so stabil war. Und ich habe trotzdem etliche Stoßgebete an diverse Stellen gerichtet.

2. Tag: Morgens war alles klamm, als wir das Zelt öffneten, steckten uns wieder circa zehn Kinder die Nase hinein.

Nach einer Wäsche im nahe gelegenen eiskalten Gebirgsbach und nach einem kurzen Frühstück und Tee packten wir unsere Sachen zusammen und der Aufstieg ging weiter, immer bergauf. Mir blieb oft die Luft weg und wir pausierten viel. Wir, das heißt Mister Ho, ich, und unsere Führer. Sie machten aus Solidarität mit uns Rast, denn nötig hatten sie es nicht im Gegensatz zu uns.

Die zwei Frauen rannten wie die Bekloppten bergauf, uns immer um mehrere 100 Meter voraus. Das nervte mich sehr, war ich doch der Meinung, wir seien eine Gruppe, die gemeinsam geht. Ich kämpfte mit meinem Ärger und versuchte, mich nicht hetzen zu lassen. Stattdessen machte ich öfters mal Pause, schaute mir die grandiose Landschaft an, machte Fotos (ich habe mir einen neuen Fotoapparat gekauft) und genoss die gute Luft, die Düfte und Geräusche. Unsere Führer zeigten uns essbare Bergkräuter und wir pflückten einen großen Strauß wilden Schnittlauch fürs Abendessen.

Schließlich erreichten wir den ersten Bergpass über 5000 m hoch, dort oben saßen wir in den Wolken. Es war kalt und klamm. Dann ging es wieder abwärts, an zerklüfteten Berghängen entlang bis wir ein Tal erreichten. Die zwei Frauen waren uns sehr weit vorausgeeilt. Unsere Führer sagten uns, dass die Frauen einen großen extralangen Umweg gehen auf dem von ihnen gewählten Weg. Aber das war deren Problem, selber schuld. Wir mussten einen reißenden Gebirgsbach durchqueren, circa 6 m breit, sehr schnell fließend und eiskalt. Ich schaff das mit Hilfe der Führer, die mir halfen Gottseidank, denn es war sehr schwer in dem reißenden Wasser nicht das Gleichgewicht zu verlieren und auszurutschen. Mister Ho wollte diesen kürzeren Weg nicht wählen und folgte den zwei Frauen nach und nahm freiwillig den großen Umweg in Kauf.

Wir erreichten unseren Lagerplatz und es schüttet in Strömen. Ich habe in Windeseile das Zelt alleine aufgebaut, von den anderen Drei war keine Spur zu entdecken. Unsere Führer hatten eine große Plane dabei, die ist über die Überreste einer alten Mauer aufhängten um ihr Nachtlager vorzubereiten. Schließlich kamen die Anderen klitschnass bei uns an.

3. Tag: morgens wachte ich auf, es war ganz leise draußen. Ich dachte mir „Juhuu! Kein Regen". Voller Freude beschloss ich, im nahe gelegenen Fluss zu baden, denn ich roch schon sehr streng.

Als ich das Zelt öffnete, erlebte ich eine große Überraschung. Alles war weiß draußen. Das Zelt war total eingeschneit, deshalb war auch drinnen nichts zu hören. So fiel mein Bad aus und ich rieb mich statt-dessen mit dem kalten Schnee ab. Wir bekamen Gesellschaft. Vor dem Zelt saß ein freundlich mit dem Schwanz wedelnder und merk-lich hungriger Hund. Nachdem wir ihm von unseren Vorräten abge-geben hatten, wich er nicht mehr von uns und begleitete uns auf un-serer Wanderung. Wir räumten zusammen, alles war kalt und feucht, doch wir waren alle guter Laune. Heute hatte ich endlich das Gefühl, in einer Gruppe zu sein, wir wanderten gemeinsam, niemand rannte voraus. Wir erreichten den zweiten Bergpass in 5200 m Höhe, es war atemberaubend schön dort oben. Ein kleiner See und direkt daneben ein Steinberg mit Gebetsfahnen. Wenn man nach langer Wanderung in einem solchen Ort ankommt, legt man einen Stein auf den Haufen und bedankt sich damit für das sichere Erreichen dieses Ortes. Das ist für mich sehr einleuchtend, denn ich habe die Launenhaftigkeit des Wetters und der Natur selbst kennengelernt. Und man fühlt sich schnell selbst ganz klein und unbedeutend angesichts dieser ehr-furchtsgebietenden Umgebung. So ist man dann wirklich dankbar, wenn man zum Beispiel einen Bergpass ohne Blessuren erreicht. Auf der anderen Seite des Passes waren zwei tiefer gelegene wunder-schöne Bergseen, einfach grandios dieser Anblick. Wir folgten ihnen am Ufer entlang, dann an den Bergbahnen entlang nach unten. So gelangten wir in ein Tal, das von steilen Felsen gesäumt ist. Wir folg-ten dem Lauf eines Baches, der immer breiter und reißender wurde, durch den vielen Regen und das Schmelzwasser. Schließlich konnten wir nicht weiter, der Bach hatte so viel Hochwasser, dass er links und rechts bis zu den Felswänden reichte. Da half alles nichts, wir zogen unsere Schuhe und Strümpfe aus, krempelten unsere Hosenbeine hoch und wateten durch das eiskalte Wasser.

Ich machte mir große Sorgen um den Hund, dass er beim Schwim-men abgetrieben werden könnte. Doch er schaffte den Durchgang mit Bravour. Später mussten wir nochmals durch einen wilden Bach war-ten, über wackelige Steine, die wir ins Wasser geworfen haben auch diesmal folgte uns der Hund nach, ab da hatte er den Spitznamen

Super Dog. Doch das war nicht das letzte Mal an diesem Tag, dass wir durch einen Fluss mussten. Ein circa 12-15 m breiter Fluss war zwischen uns in unserem Ziel, die Führer gingen unerschrocken in die Mitte des brodeln Wild Wassers und nacheinander und uns an den Händen halten wurden wir dann durchs Wasser ans andere Ufer geführt. Da kämpft man gegen die eigene Angst an. Und selbst dieses Mal schaffte es unser Super Dog nach drüben auf die andere Seite, was uns zur wahren Jubel rufen Antrieb. Nach circa 2 Stunden Marsch schlugen wir unser Lager auf und alle versammelten sich um ein Lagerfeuer, um die Schuhe und Strümpfe zu wärmen und uns selbst natürlich auch. Mister Ho schlief unter der Plane bei den Führern um ein möglichst authentisches Feeling zu erhalten. Sehr gut, endlich konnte ich mich im Zelt so breit machen wie ich wollte.

Vierter Tag: Es regnete! Schnell packten wir zusammen, doch die zwei Taiwanesinnen hatten sich im Zelt verbarrikadiert und weigerten sich heraus zu kommen. Da half kein Bitten oder Drohen dass wir ohne sie aufbrechen würden, sondern nur „rohe Gewalt". Wir zogen alle Zeltheringe aus dem Boden und deckten das Überdach des Zeltes ab. Sodass es ins Zeltinnere regnete. Unter großem Kreischen und giftigen Blicken in unsere Richtung, wir saßen grinsend im Gebüsch, packten die drei Frauen in Rekordzeit ihre Sachen zusammen und wir konnten weiter gehen. Wir stießen auf eine weitere Gruppe, die dieselbe Marschroute wie wir hatten, einen Holländer, einen Südafrikaner, zwei tibetische Pilger, zwei Yak Führer, einen Tour Guide, ein Yak. So gingen wir gemeinsam, bis die Gruppe zum Stehen kam. Die beiden Touristen aus der anderen Gruppe hatten viel Ärger mit ihren Guides. Diese wollten statt der ausgemachten drei Tage nun für sechs Tage bezahlt werden, nämlich auch für den Rückweg. In einer Unterhaltung erfuhr ich, dass die Gruppe die Tour in zwei Tagen geschafft hatte. Wir brauchten vier Tage dafür, und wir haben nicht herumgetrödelt. Ich weiß nicht, ob ich beeindruckt sein soll oder die beiden eher für bekloppt halten soll. Meiner Meinung nach eher Letzteres.

Schließlich ging es weiter, nachdem wir unsere Führer bezahlt, uns bedankt und verabschiedet haben. In einem Dorf fanden wir einen Mann der uns mit einem Traktor mit Anhänger zum Kloster Samje fahren wollte.

Zwei wilde Dorfköter fielen Super Dog an, der sich nur schwer zur Wehr setzen konnte. Doch einige von uns geworfene Steine und mein aufgebrachtes Geschrei konnten die anderen Hunde in die Flucht schlagen. Super Dog war leicht verletzt und blutete an einem Fuß. Wir verluden unser Gepäck und uns (zehn Personen insgesamt auf den Anhänger und rumpelten los.

Super Dog folgte uns viele Kilometer nach da schließlich war er so müde, dass er zurückblieb. Oh je das tat mir so sehr leid, ich fand den Hund so toll. Dass ich ihn am Liebsten mitgenommen hätte, was natürlich unmöglich war. Wir erreichten Samje, wo ich ja bereits schon einmal gewesen war und obwohl die Anderen gerne hier übernachten wollten bestand ich darauf, dass ich direkt nach Lhasa weiterfahren würde. Denn nach diesen vier Tagen hatte ich ein großes Bedürfnis heiß zu duschen, meine Sachen zu waschen und zu trocknen und auszuruhen.

Im Kloster traf ich einen Israeli, der mir erzählte, dass die chinesische Polizei für Touristen die Strafe für eine Reise nach Samje ohne Permit auf 500 ¥ erhöht hatte. So ging ich erst einmal beten und bat meinen persönlichen Beschützer Guru Rinpoche und Chenresig, den 1000-armigen und 1000-köpfigen Buddha des unendlichen Mitgefühls um Hilfe. Haben sie mir doch bei meiner ersten Rückreise von Samje schon einmal geholfen.

Wir saßen auf der Rückfahrt im Boot und ich bangte der Ankunft an der Bootsanlegestelle entgegen. Und auch diesmal kam die ersehnte Hilfe, das Büro der Polizisten war nicht besetzt. Danke.

Jetzt merke ich, dass ich gerne mal einige Tage allein sein möchte, so werde ich wohl in Kürze aus Lhasa aufbrechen zum Nam Tso, dem Türkis See. Das ist natürlich ein in sehr groben Zügen wiedergegebener Reisebericht. Trotz aller Strapazen, oft wollte ich an meine körperlichen und seelischen Grenzen geführt, war es ein wunderbares Erlebnis. Und viele Bilder und Eindrücke behalte ich in meinem Herzen und sicherlich sind manche Fotos gut geworden.

Kapitel 9 – 12.07.2000, Nam Tso See & Mindrolling Kloster

Letzte Woche habe ich den Nam Tso, den Türkis See, einen der vier heiligsten Seen Tibets, besucht. Wir waren eine Gruppe von sechs Touristen, eine Israelin, eine Japanerin, drei Taiwanesen und ich. Wir haben gemeinsam einen Jeep und Fahrer gemietet. Für mich war es schlichtweg überwältigend.

Dieser See ist wahrlich ein außergewöhnlicher, ein heiliger Ort. Das Wasser des Sees ist kristallklar, sehr mild schmeckendes Salzwasser. Das ist umgeben von teilweise schneebedeckten hohen Gipfeln und das Wetter ändert sich manchmal fast minütlich und so ändert sich dementsprechend auch die Stimmung an dem See andauernd.

Es ist mit Sicherheit einer der schönsten Orte der Welt. Ein Ort, an dem man still wird, in dem man in sich geht und betet. Ich habe mich meistens von meinen Mitreisenden abgesondert, um an diesem Ort alleine zu sein, herum zu wandern, nachzudenken und zu beten. Ich habe dort viele kleine, versteckt gelegene Meditation Höhlen, entdeckt mein Beschützer Guru Rinpoche hat hier auch früher meditiert.

Oft versteckt vor neugierigen Blicken sind sie schwer zu entdecken. Teilweise sind die Höhlen liebevoll mit bemalten Steinen, heiligen Figuren, und anderen Opfergaben ausgeschmückt.

Ich habe zwei riesige Felsen gesehen, die aussehen wie zwei zum Gebet gefaltete Hände. Manchmal habe ich eine unglaublich starke Energie gespürt, die in mich von oben hineinfloss, eine energetische Einweihung dieses Ortes an mich. Ich habe einige bemerkenswerte Menschen getroffen, als ich zum Beispiel gestern Abend auf einen Berg kletterte, traf ich dort einen Schafhirten ganz oben auf dem Gipfel des Berges sitzend. Er lud mich mit einer Handbewegung ein, ihm Gesellschaft zu leisten. Und so saßen wir da oben, haben wenig gesprochen und gemeinsam gebetet und in die Ferne geschaut. Ich musste so lachen, denn als ich meine Kamera herauszog, um ein Foto vom Hirten zu machen, fing der an, den Singsang von Pilgern und deren Körperhaltung zu imitierten.

Um mir zu verstehen zu geben- mach lieber Fotos von denen und lass mich damit in Ruhe. Ich verstand den Wink. Später habe ich ihm dann geholfen die Schafe hinab ins Tal zu treiben.

Ich lernte zwei Tempel-Wächter kennen, die in ihren kleinen, in den Fels gehauen Tempeln ihren täglichen Dienst verrichten. Dort beten, die Tempel sauber halten, Opfergaben vorbereiten, um diese den Heiligen und Göttern darzubringen. Einer der beiden lud mich in seine Wohnhöhle ein und wir trinken gemeinsam Tee, aßen und haben gemeinsam zusammen gebetet. Plötzlich kam ungefragt ein chinesischer Tourist in die Wohnstube herein, und fing ohne Erlaubnis damit an, Fotos von uns zu machen. Der Mönch blieb ruhig, ich jedoch bin aufgesprungen und habe laut schreiend den Chinesen rausgeworfen und ihn mit einer Schimpfkanonade vertrieben.
Ja, die Tibeter sind fotogen und ich habe schöne Kamera Motive vor der Nase. Ich lasse jedoch meistens meine Kamera in der Tasche, wenn ich mit Einheimischen zusammen bin. Um den Moment nicht zu ruinieren. Die Menschen ehren, indem ich ihre Privatsphäre respektiere. So speichere ich die gesehenen Bilder in meinem Gedächtnis ab.

Irgendetwas ist passiert mit mir an diesem besonderen Ort, ein Stück Last habe ich hiergelassen, es fühlt sich an wie eine Art Reinigung, eine Art Läuterung. Manchmal hat es sich so angefühlt, als würde eine höhere Macht die Kontrolle über mich übernehmen und ich habe verschiedene Rituale durchgeführt wie in Trance, dabei Worte gesprochen wie von oben eingegeben. Und alles war in dem Moment perfekt und dem Anlass angemessen gut. Stecke ich fest oder bin ich in einer schwierigen Situation, so bitte ich alle Engel, Lichtwesen, Geister, Heiligen und Götter um Beistand. Insbesondere meinen Schutzengel und natürlich Guru Rinpoche, meinen Schutzheiligen, im tibetischen „Yidam" genannt. Egal, ob es um Unpässlichkeiten, seelischer Art geht, ob der Bus im Schlamm feststeckt, oder ob die chinesische Polizei Stress macht. Ein Gebet um Hilfe hat bis jetzt immer gewirkt. Ja, so bin ich langsam aber sicher zum tibetischen Buddhismus konvertiert, es ist Teil meines täglichen Lebens. Was aber nicht heißen soll, dass ich nicht mehr an Jesus Christus glaube dem ist nicht so. Ich fühle mich verbunden mit seiner Kraft.

Jeden Tag besuche ich Klöster und Tempel, bete dort lange für Schutz und Segen für meine Freunde, Verwandten und Familie. Und um weiteren Beistand für den Lebens- und Reiseweg. Das Gebet ist für mich wichtige Nahrung und Freude. Wenn ich in einem Tempel oder Kloster bin, so bete ich immer zu allen dargestellten Wesenheiten, sei es in Form von Statuen, die teilweise riesig groß, über mehrere Stockwerke aufragen, zu Heiligen oder Gottheiten. Viele von ihnen sind mir persönlich unbekannt und so möchte ich keinen von ihnen durch mangelnde Demut oder Respekt verärgern. So dauert ist manchmal sehr lange, bis ich einen Raum im Uhrzeigersinn betend durchquert habe.

Vorgestern bin ich einer Einladung von Sanggya, meinem Freund, dem Mönch gefolgt. Sein Heimatkloster Mindroling veranstaltet ein großes religiöses Fest. Einen Tag vorher hat Sanggya mit seinem Assistenten den ganzen Tag über für das Kloster Vorräte eingekauft, zentnerweise verschiedenes Gemüse in Säcke gepackt, sowie ein riesiges Stück Yakfleisch. Ich kam am Montag morgens um 7:00 Uhr früh zum Tempel. Zuerst tranken wir den unersetzbaren Pö Tsche, den Yak Butter Tee, dann verluden wir die Säcke auf eine Karre und brachen auf zum Busbahnhof.

Die Sachen wurden auf das Bus Dach gehievt und dort festgebunden. Sanggya fuhr nicht mit zum Kloster, da sich sein Assistent, Sönam Nurpa, so sehr auf das Fest gefreut hatte. Sanggya blieb da und kümmerte sich so lange um seinen kleinen Tempel. Außerdem begleitete uns noch ein Freund von Sanggya, namens Tashi.

Nach einer dreistündigen Busfahrt stiegen wir aus und luden alle unser Gepäck ab. Eigentlich hatte Sönam ein Auto organisiert, welches uns abholen und zum Kloster bringen sollte. Doch wir warteten mehrere Stunden erfolglos. Schließlich traf das Auto doch noch ein, Gott sei Dank, denn das Kloster war noch über 10 km weit entfernt. Als wir schließlich dort ankamen, wurden wir in Sönam's Zimmer untergebracht, dort wurden wir von dessen Mutter und seiner Schwester mit Tee, Kuchen, Gebäck, gekochten Eiern und Yak Buttertee bewirtet. Danach wurden wir im Kloster herumgeführt.

Im Haupttempel habe ich einem Mönch einige Wörter Englisch beigebracht, und durfte dafür so viele Fotos machen, wie ich wollte.

Dort befinden sich wertvolle, vergoldete Figuren in Lebensgröße, es handelt sich hierbei um Buddhas wichtigste Schüler. Ich hatte Sanggya auch versprochen, viele Fotos zu machen und ihm diese nach dem Entwickeln zu schicken.

Als ich hinaus auf den Hof trat, gab es eine böse Überraschung. Ein Mönch kam zu mir und erzählte mir, dass meine Anwesenheit für Ärger sorge. Die anwesenden chinesischen Polizisten, denen ich keine große Aufmerksamkeit geschenkt hatte, waren zum Lama des Klosters gegangen und hatten ihn über mich ausgefragt. Warum ich hier sei, ob ich eine offizielle Einladung habe etc. Der Lama war nun etwas besorgt und bat mich, für den Rest des Tages in im Zimmer zu bleiben, und mich nicht draußen aufzuhalten.

Am nächsten Tag wurden zum fast mehrere 1000 Tibeter erwartet, die Mönche führten dort virtuelle Tänze auf, da würde meine Anwesenheit nicht weiter auffallen in der großen Menschenmenge. Ich war sehr frustriert aber auch wütend, da ich jedoch dem Lama und dem Kloster keine Schwierigkeiten bereiten wollte, blieb ich im Zimmer für den Rest des Tages.

Am nächsten Morgen war eifrige Geschäftigkeit im Kloster. Es wurde ein riesiges Stoffdach in der Mitte des Klosterhofes als Sonnenschutz aufgespannt. Und es trafen immer mehr Menschen ein. Ganze Familien, die sich einen guten Sitzplatz sicherten und auf dem Boden picknickten, es war ein geselliges Volksfest. Ich war unter diesen Menschen der einzige Nicht Tibeter und wurde teilweise mit großer Neugierde gemustert. Tashi wurde immer nervöser wegen der Polizisten und bat mich, nicht noch eine Nacht im Kloster zu bleiben, sondern mit ihm nachmittags zurück nach Lhasa zu fahren. Während des Festes übergab ich meine Kamera an einen neugierigen tibetischen Jungen, und der nutzte die Gelegenheit, und knipste den ganzen Film voll. Ich bin gespannt, was sich auf diesen Fotos später zu sehen bekomme, wenn der Film entwickelt wird. Welche Motive der junge Nachwuchs Fotograf wohl gewählt hat?

Das Festival begann und die symbolhaften Tänze waren sehr langatmig. Nach circa 3 Stunden konnte ich nicht mehr sitzen, wir haben

dann noch etwas gegessen und sind frühzeitig nach Lhasa zurückgekehrt, vorher habe ich mich noch auf Tibetisch bei Sönam, seiner
Mutter und dessen Schwester für die Gastfreundschaft bedankt.

Nun kommt die Pointe, denn abends, so wurde mir berichtet, traf ein
Polizeiauto mit chinesischen Polizisten im Kloster ein. Und das
ganze Kloster wurde nach mir abgesucht und alle Menschen wurden
befragt, in welchem Mönchsquartier ich gewohnt habe. Keiner
wusste etwas, und diejenigen, die hätten antworten können, verhiel-
ten sich ruhig. Sanggya hat mir das heute erzählt, und er ist sehr besorgt, weil die chinesische Polizei im Moment anscheinend sehr
scharf vorgeht gegen alles und jeden, der nicht in den Kram passt.

Vor einigen Tagen hat Sanggya in meinem Auftrag eine kleine Guru
Rinpoche Figur aus Metall für mich gekauft. Er wird diese in seinem
Kloster, dort wird sie mit gebeten und Segen etc. gefüllt und dann
wird sie im Jokhang Tempel eingeweiht. Ich bin sehr froh, dass er
mir so hilft, dann als Tourist hätte ich ein Vielfaches bezahlt. Für
eine „leere" Figur ohne Segen. So werde ich daheim meinen Guru
Rinpoche Schrein einrichten und immer zu ihm beten. Hat er mir
doch so oft geholfen bis jetzt.

Heute Mittag habe ich ein weiteres Kloster besucht, Sara, es ist ein
riesiger Gebäudekomplex, fast eine kleine Stadt. Viele Gebäude
sind verwahrlost, verfallen. Es war ein wundervoller Tag heute, voller schöner Momente. Doch am Schönsten war für mich der Besuch
bei Sanggya in seinem kleinen Tempel. Wir sind gute Freunde geworden, und die Gespräche sind immer sehr intensiv, weil großes
Vertrauen da ist auf beiden Seiten. Ich werde von Nepal aus versu-
chen, ihn bei der Beschaffung eines Passes zu helfen, Damit er Tibet offiziell verlassen kann. Denn das wünscht er sich sehnlichst.

Kapitel 10 - 17.07.2000, Lhasa

Gestern war ein tibetischer Feiertag, der Incence Day (Feiertag der Räuchern Opfergaben). Überall wurde geräuchert. Der große Vorplatz vor dem Jokhang Tempel war in dichten würzigen Rauch gehüllt und ich habe mir zur Feier des Tages ein Fahrrad geliehen und bin quer durch die Stadt geradelt. Es war ziemlich abenteuerlich und auch nicht ungefährlich, da die Autos, Rikschas und Radler alle wild durcheinander fahren. Doch du kennst ja bereits meine Geheimwaffe, ich halte meine Hände über den Fahrradlenker und spreche einen langen Segen und bitte meine Geistführer, mich zu beschützen.

So habe ich mich einfach auf mein Gefühl verlassen und habe diverse neue schöne Orte entdeckt. Zum Beispiel ein Kloster mit über 1000 Jahre alten in Stein gehauenen Buddhas, sehr schön gelegen an einem heiligen Hügel und andere wunderschöne Plätze. Man kann hier immer Neues entdecken und Orte, an denen man bereits viele Male war, geben immer neue Geheimnisse und faszinierende Details preis.

Im Osten Lhasas fährt man über den Fluss über eine lange Brücke, auf der viele chinesische Polizisten Wache stehen. Und man gelangt so zu einem heiligen Berg, den Namen kenne ich nicht. Viele Gebetsfahnen hängen dort und die Tibeter gehen dorthin zu besonderen Anlässen. Wie dem Neujahresfest oder auch um den Geburtstag des Dalai Lama zu feiern. Zum gemeinsamen Treffen oder zum Beten. An diesem Tag war es Touristen untersagt, die besagte Brücke zu überqueren, weil von der chinesischen Polizei an diesem Tag Proteste der Tibeter befürchtet wurden. Und es sollten eventuelle Ausschreitungen von ausländischen Beobachtern nicht beobachtet und dokumentiert werden. Von diesem Berg aus überschaut man die ganze Stadt, die vom Potala Palast überragt wird. Zurück im Hotel machte ich mich abends auf den Weg, um den Jokhang Tempel zu umrunden und einige Räucherstäbchen zu opfern.
Plötzlich begannen viele Tibeter um mich herum zu schreien, zu pfeifen oder anderweitig Lärm zu machen. Es war mir anfangs unheimlich, ich dachte jetzt gibt es aus irgendeinem Grund Krawall. Und ich erwartete jede Minute, dass die chinesische Polizei auftauchte. Doch der Grund des Lärms war folgender: es gab gestern

Nacht eine totale Mondfinsternis. Und das an einem heiligen Tag. Für die Tibeter ist das ein ganz schlechtes Omen. So haben sie den Lärm veranstaltet, um das Schlechte, die Finsternis zu verjagen. Einige Tibeter forderten mich auf, ebenfalls mit zu schreien und zu pfeifen, das habe ich natürlich sofort gemacht. Meine besonders lauten Pfiffe haben bei den umstehenden Tibetern sehr große Freude ausgelöst.

Heute habe ich den ganzen Tag in der Schule zugebracht. Ein junges dänisches Paar, das ich im Hotel kennen gelernt habe, hat mich dabei begleitet. Kit, die junge dänische Frau ist angehende Lehrerin und hat mich gefragt, ob sie mich zur Schule mit begleiten könne. Ich bin ja kein Lehrer und mein Englisch Unterricht in der Schule hat sich als etwas unmotiviert und konzeptlos herausgestellt. So war das für mich ein willkommenes Angebot, von einer angehenden Lehrerin zu lernen, wie man einen für die Kinder spannenden, lehrreichen und interessanten Unterricht gestaltet. Wir haben dann die ersten 2 Stunden gemeinsam unterrichtet. Danach habe ich mich in die letzte Stuhlreihe gesetzt und von Kit gelernt und ich habe sehr viele gute Ideen und Impulse bekommen. Na ja, sie als Profi gestaltet logischerweise den Unterricht wesentlich besser als ich. Abends im Hotel hat sie mir noch weitere Ratschläge und Ideen gegeben, wie man eine Schulstunde aufbaut und organisiert.

Es gibt ein grundsätzliches Problem: Gombo, einer der tibetischen Lehrer. Wenn er dabei war, wirkten die Kinder sehr verschüchtert, denn er ist sehr streng. Ist er nicht mit im Klassenzimmer, sind die Kinder sehr lebhaft (manchmal ziemlich laut und unaufmerksam), aber das ist mir lieber, als wenn die Kinder den Mund nicht aufmachen aus Angst, ausgeschimpft zu werden. Denn dann sind alle meine Bemühungen, den Unterricht interessant zu gestalten zum Scheitern verurteilt. Mal sehen, vielleicht spreche ich das morgen bei Gombo an.

Aber generell freuen sich die Kinder über meinen Unterricht. Als wir heute Mittag erfahren haben, dass ich sie weiter unterrichten werde, brach Jubel aus im Klassenzimmer. Es sind Kinder im Alter von 6-15 Jahren in derselben Schulklasse, dies ist eine Herausforderung für mich, für alle Kinder einen interessanten und motivierenden Englisch Unterricht zu gestalten. Wir beginnen morgens mit einem Lied. Dies hat mir Kit vorgeschlagen. Das Lied heißt „Baby Beluga". Es handelt von einem kleinen Wal und wir machen beim Singen viel

Pantomime und die Kinder singen alle mit, mit viel Inbrunst und
Spaß. Danach sind die Kinder hoch motiviert. Ich habe an die Klas-
sentafel ein großes Bild gemalt mit vielen, den Kindern bekannten
Details aus ihrer vertrauten Umgebung. Sand, Steine, Felsen,
Berge, Hügel, Sonne, Sterne, Mond, Flüsse, Straßen, Blumen,
Yaks, Gras und vieles Weiteres mehr. All dies kennen die Kinder bereits und mit Hilfe dieses Bildes und Händen und Füßen üben wir
englische Begriffe. Das machte den Kindern sichtlich großen Spaß,
und mir auch.

Zweimal am Tag werden die Kinder in den Hof gerufen. Ein Pfahl
befindet sich in der Mitte des Schulhofes, mit darauf befindlichem
Lautsprecher, aus dem blecherne Militärmusik und eine chinesische
Stimme plärrt. Die Kinder stellen sich in Reihen auf und absolvieren
zu den gesprochenen Anweisungen Gymnastikübungen. Das wirkt
auf mich in Kombination mit der Musik und der hart klingenden
Stimme vom Band, wie ein militärischer Drill.

Ich mache auch öfters mal Pausen im Unterricht und lasse die Kinder sich draußen austoben. Wobei sie sehr zurückhaltend sind,
denn Schulleitung und Lehrer haben freie Sicht auf den Innenhof.

Eine Sache, mit der ich sehr schwer klarkomme, ist die Tatsache,
dass einige Kinder oft auf den Boden im Klassenzimmer spucken.
Sämtliche Versuche meinerseits, ihnen zu erklären, dass dies unhy-
gienisch und eklig sei, haben nicht viel Erfolg gebracht. Nachdem
ich ein paarmal geschimpft habe deshalb, warten die Kinder nun ab
bis sich ihnen den Rücken zudrehe und an die Tafel schaue und
spucken dann weiter auf den Boden. Das ist für sie eben ganz nor-
mal. Als ein tibetischer Lehrer zu Gast in meinem Unterricht war,
staunte ich nicht schlecht, als er selbst vor der Klasse stand und
während seines Unterrichts mehrmals auf den Boden spuckte. Ja du
kennst ja sicher die Redewendung: „Andere Länder, andere Sitten".

Einige der Kinder hatten noch nicht einmal einen Bleistift oder
Schreibpapier zum Schreiben im Unterricht. Wie soll man da ver-
nünftig arbeiten? Dies hat mich sehr verwundert, da ich, als ich mich
bei der Schulleitung vorgestellt habe, neben einer höheren Summe
Bargeldes auch 100 Bleistifte, Bleispitzer und Radiergummis gespendet habe. Die wurden aber offensichtlich nicht für den Schulun-
terricht verwendet. Ich habe mit einigen Lehrern darüber gespro-

chen und die haben mir ausdrücklich davon abgeraten, dem Schulleiter Geld zu geben. Da er und seine Familie viele der Spendengelder zu eigenen privaten Zwecken verwende, anstatt diese den Kindern zukommen zu lassen. Ein größeres Auto, Handys für jedes Familienmitglied, in Tibet ein teurer Luxus... Die Lehrer haben mich gebeten, die Schulleitung nicht darauf anzusprechen denn sie könnten ihren Job verlieren. Ich habe es ihnen versprochen.

Es handelt sich hierbei um eine Privatschule, in der Waisenkinder bzw.
Straßenkinder unterrichtet werden und nach Beendigung der Schulausbildung die Möglichkeit haben, in den Schul-Werkstätten eine Ausbildung zu machen. Dort werden religiöse Bilder, sogenannte Thankas, Räucherstäbchen, tibetische traditionelle Kleidung, Schuhe und handgeschöpftes Papier hergestellt. Diese werden dann verkauft.

Die Lehrer erzählten mir, dass ursprünglich eine bekannte deutsche Blindenlehrerin, Sabriye Tenberken, die Schule mitgegründet habe. Nachdem es aber zu Unstimmigkeiten kam über die Zweckentfremdung der eintreffenden Spendengelder, hat die Frau eine eigene Blindenschule in Lhasa gegründet Sie hat eine spezielle Blindenschrift für blinde Tibeter entwickelt, mehrere Bücher geschrieben und sogar eine Bergexpedition mit blinden Kindern gemacht. Darüber gibt es sogar eine Film Dokumentation darüber („Blindsight"). So eine tolle und starke Frau. (Link siehe Anhang).

Blindheit ist in Tibet relativ weit verbreitet. Das kommt zum Einen daher, dass viele Menschen schlecht ernährt sind und unter massivem Vitamin A Mangel leiden. Da es in großen Teilen Tibets wenig bis kein Brennholz gibt, ist für viele Menschen getrockneter Yak Dung die einzige Möglichkeit, ein Feuer zu machen um zu kochen und zu heizen. Der dadurch entstehende Qualm kann auch langfristig die Augen schädigen. Blindheit gilt bei vielen Tibetern als Strafe der Götter und insbesondere erblindete Kinder werden oft von ihren Eltern verstoßen. Sie gelten als bestraft durch schlechtes Karma in früheren Leben und landen oft auf der Straße.

Daher ist die Arbeit der besagten Lehrerin, die selbst blind ist und die mit ihrer Arbeit und mit ihrer Schule für blinde Kinder Außergewöhnliches leistet, ganz wunderbar. Ich habe sie und besagte

Schule heute Mittag persönlich besucht, zusammen mit meinem chinesischen Freund, Mister Ho. Wir waren beide sehr beeindruckt und haben spontan eine größere Summe Geld gespendet. Und wir haben noch mehrere große Säcke Reis bei einem nahegelegenen Händler gekauft und eigenhändig auf einer Schubkarre zur Schule gebracht. Eine Herzensangelegenheit. Auch hier hat Mister Ho wieder einmal sein großes Herz und gelebte Spiritualität gezeigt. Auch wenn es zwischen uns Sprachbarrieren gibt, so verstehen wir uns doch so gut.

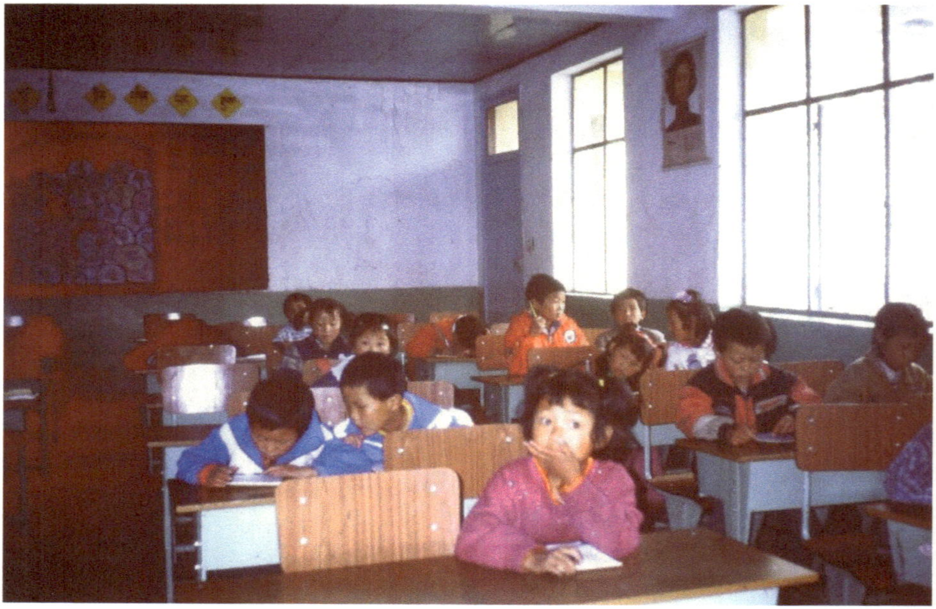

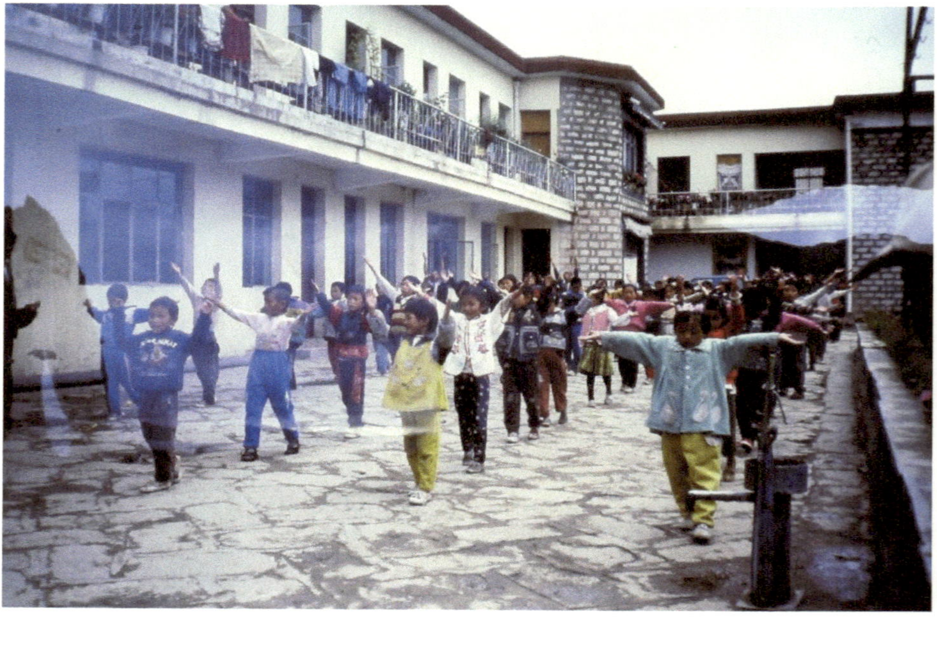

23.07.2000, Lhasa

Heute war mein letzter Unterrichtstag. Morgens sind fünf Schüler nicht zum Unterricht erschienen. Sie sind in die Stadt abgehauen (wahrscheinlich zum Betteln). Das ist nicht ungefährlich, Combo hat mir berichtet, dass Kinder verschleppt und verkauft werden. Außerdem wurden Kinder getötet und ihre Leichen mit entnommenen inneren Organen aufgefunden. Und wenn die Ausreißer von der chinesischen Polizei aufgegriffen werden, bekommt eventuell die Schulleitung Ärger wegen mangelnder Sorgfaltspflicht.

Der Abschied von Lhasa naht und viele mir lieb gewordene Menschen und Plätze lasse ich zurück. Wieder einmal breche ich auf ins Neue und Ungewisse, ich habe ein mulmiges Gefühl im Bauch. Oh je, der Jokhang Tempel, meinen Freund Sanggya und seinen kleinen Tempel, Vieles werde ich vermissen, doch der Kailash, die Ferne ruft!

Kapitel 11 – 26.07.2000, Shigatse

Jetzt bin ich in Shigatse angekommen, der zweitgrößten Stadt Tibets nach Lhasa.

Gestern war ein schöner Tag, mein letzter in Lhasa. Ich habe zur Feier des Tages sehr gut gespeist, habe mich von Freunden verabschiedet, besonders Sanggya wird mir sehr fehlen. Und ich habe nochmals ein letztes Mal den Jokhang Tempel besucht, abends als die Mönche dort auf dem Dach des Tempels beteten.

Ach ja, ich war noch zu Besuch im Sommerpalast des Dalai Lama, dem „Noburlinka". Es war so schlimm dort. Der ganze Ort ist mit Mikrofonen verwanzt und von Kameras überwacht, kalt und seelenlos. Der Zoo im Park ist das Grauen schlechthin, die Tiere dort fristeten in viel zu kleinen Betonsilos ihr qualvolles Dasein. Viele Tiere hatten Verletzungen, offene Wunden und schlichen depressiv, immer im Kreis herum. Sehr schlimm war es für mich auch mit anzusehen, wie grausam manche Tibeter die Tiere behandelt haben. Eine tibetische Familie kam bewaffnet mit Steinen und begann, eine Affenherde damit zu bewerfen, höhnisch lachend. Ich kann so etwas einfach nicht verstehen und ganz schwer ertragen. Ich hätte diesen Ort des Grauens nie alleine besucht, aber Gombo, einer der tibetischen Lehrer aus der Schule, in der ich unterrichtet habe wollte mit mir dorthin, um mir eine Freude zu bereiten. Und mir zum Abschied dieses für ihn besondere Geschenk zu machen. Nur ihm zuliebe bin ich dort eine Weile geblieben.

Heute bin ich im Bus hier angekommen, nach einer circa fünfstündigen Fahrt. Außer mir befanden sich nur Tibeter im Bus, die alle während der Fahrt zusammen sangen. Das war sehr lustig. Mein Tibet Reiseführer war sehr begehrt und hat den ganzen Bus die Runde gemacht. Die Landschaft war mal wieder sehr atemberaubend. Im Bus habe ich die Bekanntschaft eines Tibeters gemacht, der in Kathmandu lebt. Er hat mich in einem preisgünstigen Hotel untergebracht und morgen telefoniert er mit einem Freund, der mit seinem LKW nach Saga fährt. Das liegt fast auf halber Strecke zum Kailash.

Das wäre natürlich eine tolle Gelegenheit, ich muss jetzt noch etwas umdisponieren, da ich eigentlich noch ein nahegelegenes Kloster besuchen wollte.

Ich habe heute Abend einen atemberaubend schönen Spaziergang gemacht. Direkt gegenüber meines Hotels liegt der Haupteingang des Tashilunpo Klosters. Von dort habe ich die Kora begonnen, den heiligen Pilgerweg rund um das Kloster. Auf dem Weg bin ich sehr vielen wilden Hunden begegnet. Mein Reiseführer warnt vor ihnen, sie seien sehr bissig und aggressiv. Doch zu mir waren sie sehr friedlich. Der Weg führte immer höher, man hat einen herrlichen Ausblick auf die Stadt, auf die fernen Berge, und das Kloster. Schließlich landete ich bei den Überresten des Shigatse Zong. Das war ursprünglich mal ein Palast auf einem hohen Hügel über der Stadt, doch die Chinesen haben dieses Gebäude radikal zerstört. Nur Ruinen sind davon noch vorhanden. Dort oben traf ich einen Mönch beim Beten, er bot mir den Platz neben sich an. Wir haben fast nichts gesprochen, doch es war sehr schön, da oben zu sitzen. Und unter uns ist der alte tibetische Stadtkern zu sehen gewesen mit den schön niedrigen Häusern. Im Gegensatz zum restlichen hässlichen chinesischen Stadtteil mit Hochhäusern etc. Ich habe dem Mönch gesagt, wie schlimm ich das finde, was die Chinesen mit dem Zong angestellt haben. Er hat nur auf den neuen chinesischen Stadtteil gezeigt und die Nase gerümpft. Mehr Worte hat es dazu nicht bedurft. Es fällt mir manchmal sehr schwer, die Chinesen nicht zu hassen für das, was sie Tibet antun. Als so zerstörerisch und unsensibel empfand ich ihre Taten. Ich habe dem Mönch noch ein Bild von Chenresig, dem Buddha des unendlichen Mitgefühls geschenkt. Von diesen Bildern habe ich einen ganzen Stapel im Jokhang Tempel segnen lassen, um sie daheim verschiedene Menschen zu schenken. Der Mönch war total erfreut über dieses Geschenk, hat sich vielmals bedankt und über das ganze Gesicht gestrahlt. Dann bin ich bergab denselben Weg zurückgegangen und das letzte Stück im Dunkeln den Berg hinuntergeschlittert.

Ich weiß nicht, wann es möglich sein wird, den nächsten Brief an Dich zu schreiben, vielleicht erst in Kathmandu, Nepal. Es ist also durchaus möglich, dass Du einige Wochen nichts von mir hörst. Mach Dir keine Sorgen, ich werde mich schon zum Berg hin manövrieren und von da ab nach Nepal. Da kann mich die chinesische Polizei auch nicht stoppen.

Kapitel 12 - 28.07.2000, Unterwegs zum Kailash

Seit Tagen nun bin ich unterwegs im Bus quer durch dieses wunderschöne Land. Meine Mitreisenden sind sehr freundliche, neugierige und sehr offene Menschen, sehr großzügig. Das mitgebrachte Essen wird geteilt, und ganz unverhohlen werde ich voller freundlicher Neugierde angesehen und auch ausgefragt. Wohin ich reisen möchte, was der Grund meiner Reise sei und so weiter. Viele der Mitreisenden sind ebenfalls Pilger, die zum Kailash reisen wollen. In Tibet heißt dieser Berg „Kang Rinpoche" was man übersetzen kann mit weißer Schneejuwel.

Ja, die Sprachbarrieren.... Tatsächlich ist es ja so, dass ich fast kein Tibetisch sprechen kann, und auch kein Chinesisch (Mandarin), die beiden vorherrschenden Sprachen im Land. Gleichwohl treffe ich ganz selten mal auf einen Tibeter, der englisch sprechen kann. Wundersamerweise führe ich trotzdem sehr tiefgreifende Gespräche mit vielen Menschen und ich frage mich manchmal, wie wir dies bewerkstelligen. Sicherlich „sprechen" meine Hände und Füße gestikulierend mit, und mein Reiseführer und die Abbildungen in diesem Buch helfen auch mit, zu vermitteln, wohin meine Reise mich führen wird.

Tibet ist unterteilt in viele Provinzen, vergleichbar mit unseren

Bundesländern in Deutschland. Für jede Provinz benötige ich offiziell als Tourist ein „Permit", eine Genehmigung. Dies bedeutet, dass ich für jedes dieser Permits eine hohe Gebühr bezahlen soll, außerdem ist es offiziell nicht gerne gesehen, wenn Touristen in Tibet individuell verreisen. Vielmehr soll man einen Guide buchen, also eine geführte Reise absolvieren, und der begleitende Aufpasser sorgt dafür, dass man nur gewisse Gegenden in Tibet besucht und andere Orte nicht besucht werden dürfen.

Du kannst Dir sicherlich vorstellen, dass man auf so einer geführten Reise mit Reiseführer das Land in einer „touristischen Seifenblase" verzerrt wahrnimmt. Auch wenn die Art und Weise wie ich unterwegs bin etwas anstrengend ist, unvorhersehbar, und von vielen (nicht immer angenehmen) Überraschungen durchwebt ist. So möchte ich doch dieses Land so unvoreingenommen und offen wie möglich erforschen. Das heißt für mich, manchmal auch aus einer Situation heraus meine Pläne zu ändern Einem Impuls von innen oder von außen folgend.

Heute kamen wir an einem kleinen Ort an, dessen Namen ich mir nicht merken konnte. Ein tibetischer Mitreisender erzählte mir, dass wir ein paar Kilometer weiter der Straße folgend, an einen Checkpoint der chinesischen Polizei geraten würden.

Da ich kein Permit für diese Gegend hatte, bin ich spontan ausgestiegen, um die Konfrontation mit den Chinesen zu umgehen...

Spontan habe ich mich entschieden, mich hier erst einmal in einer Unterkunft im Ort einzuquartieren. Mich auf meinen weiteren Weg zu fokussieren, um dann nachts ungesehen meine Reise fortzusetzen. Im Ort fand ich ein Gästehaus, bestehend aus mehreren Bauten, quadratisch angeordnet um einen großen Hof herum.

Auf dem Weg zu meinem Zimmer kam ich an einem Käfig vorbei, welcher erhöht auf einem Tisch inmitten des großen Hofes stand. Darin befand sich ein prächtiger Raubvogel, der in dem viel zu kleinen Käfig eingesperrt war und kaum Bewegungsfreiheit hatte. Ich habe schon öfters die Beobachtung gemacht, dass manche Einheimische sehr grob mit Tieren umgehen. Für mich stand sofort fest, dass ich diesem Tier die Freiheit schenken werde, bevor ich meine Reise fortsetze. Nachdem ich mich etwas ausgeruht hatte, machte ich einen Plan. Ich würde meinen Wecker auf Mitternacht stellen, dann den Raubvogel befreien, um danach unbemerkt in der Nacht zu Fuß den Checkpoint der chinesischen Polizei weitläufig zu umrunden. Ich hatte auch so ein Gefühl, dass dort eventuell Polizeihunde sein könnten, die mich und meine Anwesenheit laut bellend ankündigen würden. Also ganz viel Abstand halten!!!

Nachdem ich mehrere Stunden geschlafen hatte, klingelte mein Wecker um Mitternacht. Es war eine ruhige und mondhelle Nacht. Ich begab mich auf den Hof, alles um mich herum war ruhig und alle Fenster dunkel.

Der Raubvogel schlief im Käfig. Und da merke ich erst, wie schlecht durchdacht und halb ausgegoren mein eigentlicher Plan war. Wie sollte ich weiter vorgehen? Wie sollte ich den Käfig öffnen und würde der Vogel vielleicht in Panik geraten und mit seinem scharfen Schnabel nach mir hacken? Ich kann mich gar nicht mehr genau daran erinnern, wie ich dann letztendlich die Käfigtüre geöffnet habe. Irgendwann war sie weit offen und der Vogel schlief immer noch im Käfig. Ich wollte aber absolut sichergehen, dass der schöne Raubvogel nicht am nächsten Morgen vom Hotelbesitzer überrascht würde, während er immer noch im Käfig saß. Und wieder direkt ganz schnell eingesperrt würde.

Also suchte ich mir einen langen Stock und stupste damit durch die Gitterstäbe den verdutzten Raubvogel an und weckte ihn so leise auf, immer bedacht darauf, den Hotelbesitzer im angrenzenden Gebäude nicht auf mich aufmerksam zu machen oder zu wecken. Irgendwann war das verdutzte Tier wach, zuckte etwas verdutzt und nervös mit seinen Flügeln. Ich stupste den Vogel vorsichtig mit dem Stock in Richtung offene Käfigtüre und irgendwann saß das Tier dann tatsächlich draußen auf dem Boden vor dem Käfig. Mehr konnte ich im Moment für das Tier nicht tun. Denn es handelte sich ja nicht um ein Nachttier, keine Eule oder Uhu, dessen Augen an das spärliche Nachtlicht gewöhnt waren. So konnte ich nur hoffen und beten, dass dieses wunderschöne majestätische Tier im frühen Morgengrauen rechtzeitig die Flügel ausbreiten und davonfliegen würde, um seine Freiheit wieder zu gewinnen. Bevor Menschen ihn auf dem Boden sitzend entdeckten. Den Käfig habe ich versteckt.

Dann begab ich mich zügig zum Ausgang und wollte das Tor öffnen, das war aber dummerweise fest verschlossen. Es blieb mir also nichts anderes übrig, als lautstark auf mich aufmerksam zu machen, indem ich fest an die Eingangstüre des Hotelbesitzers hämmerte und laut rief, um den Mann zu wecken. Nach mehreren Minuten hörte ich dessen übellaunige, grummelige Stimme im Inneren des Hauses. Der Rolladen ging hoch, er machte das Fenster auf und wollte wissen, wer diesen Lärm verursachte. Ich verdeutlichte ihm, dass ich jetzt sofort raus wollte, denn natürlich wollte ich die Dunkelheit nutzen, um ungesehen meinen Weg fortsetzen zu können. Nach Sonnenaufgang lief ich Gefahr, gesehen zu werden.

Der Hotelbesitzer stieß laute Flüche aus und sagte mir, ich solle wieder ins Bett gehen, er würde die Tür nicht öffnen. Er schloss das Fenster, der Rolladen knallte runter und drin wurde wieder das Licht gelöscht.

Ich habe den Mann danach dann mehrere Minuten mit solch einem Lärm terrorisiert, bis er schließlich einen echten Schreikrampf bekam und nachgab, mir das Haupttor öffnete und mich hinaus ließ in die Nacht. Er war sicherlich froh, den Bekloppten los zu sein, um in Ruhe weiter zu schlafen.

Es war mitten in der Nacht, der Mond schien hell und alles im Ort war still und ich machte mich auf den Weg zu Fuß. Nach ca. drei Kilometer Fußmarsch, fiel mir siedend heiß ein, dass ich meinen Geldgürtel und meinen Reisepass im Guest House unter dem Kopfkissen vergessen hatte! Also ging ich fluchend den ganzen Weg wieder zurück, der Rucksack war so verdammt schwer. Natürlich war das Tor verschlossen und alle Lichter im Guesthouse aus. Ich bin leise über etliche Mauern geklettert und nach ca. 20 Minuten hatte war ich verdreckt, verschwitzt und zerkratzt. Aber ich hatte mein Geld und meine Papiere. Dann lief ich erneut den Weg und hörte irgendwann in der Ferne Hundegebell. Und sah schon von Weitem den hell beleuchteten Außenposten der chinesischen Polizei. Ich lief rechts querfeldein und machte dann so leise wie möglich einen riesengroßen Bogen quer durch die angrenzenden Rapsfelder.

Adrenalin pur!!! Ich hielt einen weiten Abstand ein, bewegte mich ruhig und nachdem ich einen riesigen Kreis um den Checkpoint gezogen hatte, kam ich schließlich wieder unentdeckt auf der Straße an und zog meines Weges. Großes Aufatmen, unendliche Dankbarkeit und aufgeregte Gefühle in mir. Das alles unter dem grandiosesten Sternenhimmel, kristallklar. Der majestätischen Milchstraße, gefühlten 1000den von Sternschnuppen über mir.

Die klare Luft schmeckte so rein und nahrhaft. Immer wieder dachte ich an meinen gefiederten Freund, den Raubvogel. Und ich schickte viele Stoßgebete zum Himmel.

Guru Rinpoche, hilf dem Vogel!

Mögest Du frei fliegen und Deine Kreise ziehen, mein gefiederter Freund.

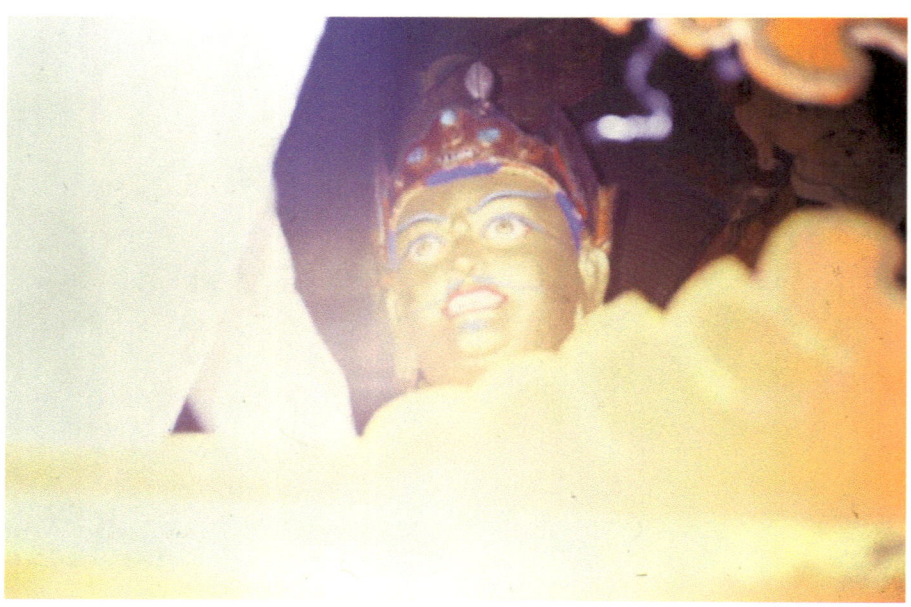

Kapitel 13 - 29.07.2000, Unterwegs zum Kailash

Ich saß stundenlang am Straßenrand in einem Gebüsch, hatte meinen schweren Rucksack hinter mir, um mich anzulehnen. Und habe es mir so gut es geht gemütlich gemacht. Ich war so freudig erregt und geradezu euphorisch. Obwohl ich nicht wusste, wie es nun weitergehen sollte war ich voller Zuversicht, dass ich meinem Ziel, dem Kailash immer näherkommen würde.

Der neue Tag brach an, es wurde langsam hell, die Natur erwachte. Die Vögel in der Umgebung zwitscherten und ich war gespannt, wie ich nun meine Reise weiter fortsetzen sollte. Irgendwann hörte ich Motorgeräusche und die ersten Fahrzeuge, größtenteils LKWs, rumpelten an mir vorbei. Ich trat an den Straßenrand und streckte meinen Daumen raus.

Generell ist es den Tibetern streng verboten, ausländische Anhalter mitzunehmen. Offiziell darf man sich als Tourist im Land nicht frei bewegen, es ist so gewollt, dass immer ein Guide („Bewacher") die Touristen begleitet um sicherzustellen, dass ich als Außenstehender keine unangenehmen Dinge zu sehen bekomme. Wie zum Beispiel Internierungslager für Tibeter. Oder unter Zwang umgesiedelte Nomaden, die man in Dörfern oder Häusern untergebracht hat, um sie besser kontrollieren zu können. Raubbau der Natur, zerstörte Klöster, militärische Sperrzonen, Menschenrechtsverletzungen und so weiter.

Ja es ist hier keine heile Welt, die chinesischen Besatzer plündern das Land aus, legen Seen trocken, holzen Urwälder ab, schürfen Bodenschätze. Sie planen eine Eisenbahnlinie, um dieses Land noch besser mit Chinesen besiedeln zu können. Damit die tibetische Kultur nach und nach immer mehr verschwindet. Es ist eh schon so Vieles davon zerstört worden.

So sind die Tibeter bereits eine Minderheit in ihrem eigenen Land geworden, an den Schulen wird Chinesisch unterrichtet (Sprache und Indoktrinierung). Der Dalai Lama, das religiöse Oberhaupt der Tibeter wird als Verbrecher verunglimpft. Und der Besitz eines Fotos des Dalai Lama stellt für die Tibeter bereits eine Straftat dar.

Mir war klar, dass die Mitnahme eines Anhalters, eines Touristen, ein großes Risiko für den Fahrer darstellte. Sollten wir von der chinesischen Polizei erwischt werden, so hätte dies für mich wahrscheinlich geringe Folgen, vielleicht eine Geldstrafe. Aber der Tibeter hätte weitaus größeren Ärger zu befürchten.

Es war mir klar, dass es kein leichtes Unterfangen sein würde, als Anhalter quer durch das Land zu fahren. Zumindest konnte ich einen hilfsbereiten Fahrer, der bereit war, mich mitzunehmen sehr gut finanziell dafür entlohnen. Ja, so war es erstmal nicht verwunderlich, dass viele Fahrzeuge an mir vorbeigefahren sind ohne anzuhalten. Doch bald kam ein LKW neben mir zum Stehen. Es war der erste eines Konvois von insgesamt 10 Trucks, die gemeinsam fuhren (doch dazu später mehr).

Die Scheibe wurde heruntergelassen und ich wurde neugierig beäugt und ausgefragt. Aus welchem Land kommst du? Wo willst du hin? Und warum? Mein Ziel und das Warum machten Eindruck. Eine Pilgerreise eines Deutschen zum „Weißen Schneejuwel". Meine Begeisterung für den tibetischen Buddhismus und das Land trug Früchte. Man überlegte und beratschlagte gemeinsam. Fahrer und Beifahrer, dann mit den anderen Fahrern. Ja, es war riskant, einen Touristen mitzunehmen... aber ich bot mehrere 100 $ an, wenn ich bis zum Ziel mitfahren dürfe. Das passte sogar, denn die geplante Route des Konvois führte am Kailash vorbei.

Es gab trotzdem einige Stimmen unter den Fahrern, die sich klar gegen meine Mitfahrt aussprachen ... zu gefährlich etc. Ich versicherte, dass ich mich absolut unauffällig verhalten würde und mich auch „unsichtbar" machen würde, wenn nötig. Letztlich haben 200 US $ in bar als Vorschuss alle überzeugt und ich war an Bord. Unser LKW fuhr voraus. Ein neuer Reiseabschnitt begann.

Kapitel 14 - 30.07.2000, Unterwegs zum Kailash – im Truck

Es ist gerade Monsunzeit. Das bedeutet, dass viele sonst kleine Bäche und Flüsse teilweise metertief Wasser haben. Das Gefährliche ist dabei, dass man das oft nicht sieht. Ich sah an manchen Stellen gerade mal das Dach eines Busses oder LKWs aus dem Wasser ragen. Manchmal dauert es stundenlang, die richtige Stelle für die Durchfahrt eines Flusses zu finden, mit dem Risiko, stecken zu bleiben oder im Wasser zu versinken.

Bleibt ein Fahrzeug trotzdem stecken, dann haben alle Männer aus allen Fahrzeugen gemeinsam zusammen gearbeitet. Manchmal dauerte es stundenlang. das Fahrzeug mit vereinten Kräften zu befreien. Und so konnten wir dann wieder weiterfahren. Mir wird langsam klar, warum wir im Konvoi fahren und so viele Fahrzeuge zusammen unterwegs sind. Wir sind auf unserer Reise quer durch das Land auf uns selbst und die gegenseitige Hilfe angewiesen. In einem riesengroßen Land, das teilweise im Umkreis von mehreren 100 km keine Stadt, keine Autowerkstatt, keine Möglichkeit, Ersatzteile zu kaufen, Treibstoff, etc. bietet.

Ich habe erlebt und mitgeholfen, wie wir eine gebrochene Achse, mit Man Power vereint, repariert haben. Oder wie wir teilweise den halben Tag damit verbracht haben einen feststeckenden LKW, der in einem tiefen Schlagloch steckte, wieder zu befreien, um eine Weiterfahrt zu ermöglichen.

Es gab sogar eine Situation, in der wir stundenlang warten mussten, bis ein weiterer LKW Konvoy vorbeikam. Da selbst zehn Fahrzeuge und alle Männer nach stundenlanger Knochenarbeit nicht in der Lage waren, einen unserer liegengebliebenen LKWs wieder startklar zu bekommen. Dann erst erfolgreich mit Hilfe der anderen LKWs und den zusätzlichen Männern.

Tibet ist ein so beeindruckendes, wunderschön wildes, ja gigantisches Land mit einer überwältigenden Natur. Wenn Du Dich inmitten des Landes um 360° drehst und dabei bis zum Horizont in alle Richtungen sehen kannst. Das, ohne etwas von Menschen Gemachtes zu sehen, außer natürlich unseren Fahrzeugen. Dann fühlst Du schnell große Demut. Man ist letztendlich vollkommen der Natur und deren Wohlwollen ausgeliefert.

Nun verstehe ich auch den Brauch der Tibeter, an bestimmten Orten, Bergpässen, Wegegabelung etc. kleine Dankesgaben zu hinterlassen. Einen besonderen Stein, eine Gebetsfahne, kleine Nahrungsgaben. Um der Natur und den schützenden Wesenheiten die uns umgeben, zu danken. Ich übernachte dort, wo meine Trucker Freunde übernachten und esse mit ihnen.

Ein Grundnahrungsmittel der Tibeter ist Tsampa. Das ist geröstetes Gerstenmehl, das sie in einem Beutel bei sich tragen. Das kommt in eine Schüssel, vermischt mit gesalzenem Yakbuttertee. Das ist ein kräftiger Schwarztee mit Salz und Yakbutter vermischt. Schmeckt eher wie eine Suppe. Das ist nicht jedermanns Sache, aber ich liebe es. Das Getränk ist nahrhaft und es gibt Kraft.

Also das Gerstenmehl zusammen mit dem salzigen Tee und noch einem Extrastück Yakbutter in eine Schüssel. Das wird dann mit der Hand zu einem Teig verknetet und gegessen. Das macht sehr satt und hält fast den ganzen Tag an.

Überhaupt der Yak Buttertee. In meinem „Lonely Planet" Reiseführer stand, dass dieses Getränk sehr unangenehm schmeckt, weil es mit ranziger Yak Butter zubereitet würde. Das macht für mich überhaupt keinen Sinn, da die Tibeter ja sozusagen an der Quelle sitzen. Frische Yakbutter bekommt man überall. Ich denke es ist einfach für die meisten westlichen Touristen ein sehr gewöhnungsbedürftiges Getränk. Ich liebe diesen Tee und das ist auch gut so, denn ich wurde so oft eingeladen zu einem Tee. Und manche Menschen sind sehr arm und haben vielleicht nur dies anzubieten. Diesen Tee abzulehnen wäre unhöflich.

Es ist schwer zu schreiben, denn wir fahren über holprige Pisten. Ich wünschte mir, Du könntest sehen was ich sehe. Es ist atemberaubend.

Kapitel 15 - 03.08.2000, Unterwegs zum Kailash - im Truck

Heute Abend bin ich mit einigen Fahrern in einen handfesten Streit geraten. Hier in der Wildnis leben Nagetiere, eine Art Murmeltier, die in unterirdischen Gängen leben. Man sieht an vielen Stellen die weitläufig durchlöcherte Erde und manchmal erscheint eines dieser putzigen Tiere, streckt seinen Kopf aus einem Loch. Schaut, ob Fressfeinde in der Nähe sind und rennt blitzschnell von einem Loch zum nächsten um dort wieder zu verschwinden. Ich kann diesen Tieren stundenlang zusehen. Gestern Abend vertrieben sich einige tibetische Fahrer die Zeit damit, Steine nach diesen Tieren zu werfen. Nach kurzer Zeit wurde eines dieser Nager mit einem Stein am Kopf getroffen, stieß einen schrillen Schrei aus und blieb reglos auf dem Boden liegen.

Die Männer lachten höhnisch darüber. Ich wurde stinksauer, nahm selbst einige Steine in die Hand und hob meinen Arm in Richtung der Männer, bereit, sie spüren zu lassen wie es sich anfühlt, wenn man von einem geworfenen Stein am Kopf getroffen wird. Die Männer merkten schnell, dass ich nicht spaße. Ich startete eine Schimpfkanonade und drohte, sollten sie noch einmal einen Stein nach einem Tier werfen, dann würde ich sie ebenfalls Steine spüren lassen. Ich sagte ihnen noch, dass die chinesischen Besatzer dieses Land nicht zerstören brauchen, wenn die einheimische Bevölkerung selbst die Natur so respektlos behandelt. Ob Sie das verstanden haben weiß ich nicht. Ich glaube, die Männer halten mich sowieso für einen Verrückten.

Liebevolle Grüße vom Dach der Welt

Kapitel 16 - 06.08.2000, Unterwegs zum Kailash – im Truck

Wir sind nun seit circa einer Woche unterwegs in unserem Konvoi. Jeden Tag bitte ich einen meiner Geistführer, Guru Rinpoche um Schutz und um eine gute Reise.

Habe ich dir bereits von ihm berichtet? Ich bin mir nicht mehr ganz sicher. In einem kleinen Tempel in Lhasa betete ich vor einer Figur, ohne zu wissen, um wen genau es sich dabei handelte. Die Tempel in Lhasa enthalten viele Buddhas, Gottheiten, Wesenheiten und ich habe mir jedes Mal die Zeit genommen, kurz vor jeder einzelnen zu verweilen und einen kurzen Gruß zu sprechen. Bei dieser besagten Figur von Guru Rinpoche geschah etwas Besonderes. Ich spürte sofort eine besondere Verbindung. Während ich zu der Figur sprach, trat der Geist von Guru Rinpoche aus dieser Figur heraus und stellte sich an meine Seite. Seitdem ist der mein ständiger Begleiter. Ich sehe ihn nicht ständig, aber ich kann seine Anwesenheit spüren. Ebenso wie die Anwesenheit meines Schutzengels.

Später erzählte mir ein tibetischer Lehrer Näheres über Guru Rinpoche. Jeder Tibeter kennt ihn. Er ist ein großer spiritueller Meister und Magier, der angeblich in Nepal geboren wurde. Und nach Tibet kam, zu einer Zeit, als das Land noch von Dämonen heimgesucht wurde, die Häuser und Klöster zerstörten. Guru Rinpoche unterwarf diese Wesenheiten und stellte sie vor die Wahl, entweder das tibetische Volk zu beschützen, oder zerstört zu werden. So wurden diese in den tibetischen Buddhismus integriert. So gilt Guru Rinpoche als Begründer des tibetischen Buddhismus. Er verband sozusagen den schamanischen Bön Glauben mit dem Buddhismus. Ich habe einige Orte besucht, an denen Guru Rinpoche meditiert hat und man kann dort immer noch seine starke Präsenz fühlen. Im ganzen Land sind Figuren von ihm zu finden. Jeder kennt ihn.

Während der Fahrt sprach ich ja auch mit meinen tibetischen Reisebegleitern über meinen tibetischen Geistführer und viele der Trucker machten sich darüber lustig. Machten ihre Späße und höhnischen Witze über mich, zeigten ihre Abneigung beziehungsweise belächelten mich.

Gestern Abend nun geschah etwas Außergewöhnliches. Einer der Fahrer stürzte beim Aussteigen aus dem LKW. Er rutschte aus und schlug mit dem Kopf schwer auf die Trittleiter auf. Er zog sich dabei eine schwere Platzwunde und Gehirnerschütterung zu. Der Mann lag am Boden und blutete schwer, weit und breit kein Arzt, kein Krankenhaus, das wir hätten aufsuchen können. Es war mir in dem Moment egal, was die anderen Männer von mir dachten.

Ich sprach ein kurzes Gebet, legte meine Hände über den Kopf des verletzten Fahrers. Ich spürte, wie die Heilenergie durch meine Hände floss. Kurze Zeit später kam die Blutung am Kopf des Fahrers zum Stillstand. Ich verarztete sie mit antiseptischer Salbe aus meiner Reiseapotheke und verband die Wunde. Danach fuhr ich fort mit meiner Heilbehandlung. Einige Minuten später war der verletzte Fahrer bereits wieder in der Lage, sich aufzusetzen, ja sogar, herum zu laufen. Er war die Person aus unserer Gruppe, die sich oft am Abfälligsten über mich geäußert hatte und mich herablassend behandelte. Nun sah er mich mit großen Augen an, bedankte sich, und man merkte wie er sich für sein bisheriges schlechtes Verhalten schämte. Alle Fahrer sehen mich nun mit staunenden Augen und Respekt im Blick an. Von nun an wurde ich jeden Tag gebeten, Guru Rinpoche um Hilfe zu bitten. An diesem Abend übernachten wir in der Nähe eines kleinen Dorfes. Einige Einwohner waren Zeuge davon geworden, wie ich den verletzten Fahrer versorgt hatte. Kurze Zeit später trafen einige Dorfbewohner ein und baten mich um Hilfe. „Mit Händen und Füßen" erklärten sie mir, wo sie Verletzungen, Schmerzen, Symptome hatten. Natürlich bin ich kein gelernter Arzt, aber mit meiner Notfall Apotheke konnte ich einige Wunden reinigen und verbinden, oder anderweitig helfen. Ja, Vieles liegt im Argen in diesem Land, es ist nicht nur das Paradies auf Erden. Viele Menschen sind sehr arm, unterernährt, haben keinerlei ärztliche Versorgung. Einige der Kinder des Dorfes boten mir Bergkristall zum Kauf an, sie kannten offensichtlich Fundstellen in der Nähe. Ich kaufte ein paar Stücke, ging danach selbst auf die Suche. Und wurde fündig. Dabei entdeckte ich einige ganz außergewöhnliche würfelförmige Steine, von denen eine rätselhafte Energie ausging. Da ich mit dem Rucksack unterwegs bin, nahm ich nur einige davon mit.

Kapitel 17 - 08.08.2000, Unterwegs zum Kailash, Abschied vom Truck Convoy

Heute habe ich von meinen tibetischen Fahrern Abschied genommen und unsere Wege haben sich getrennt. Wir kamen an einen kleinen Ort in der Nähe vom Kailash. Der Truck Convoy fährt nun in eine andere Richtung. Ich werde den Rest des Weges zum Berg auf eine andere Art und Weise fortsetzen. Es war ein Abschied voller Wehmut und Emotionen, meine Weggefährten auf Zeit wünschten mir alles Gute, viel Segen. Und sie gaben mir Geschenke mit, die ich oben beim Kailash der dort lebenden Tara opfern soll. Die Tara ist eine Schutzgottheit, sie wird auf Bildern in verschiedenen Farben dargestellt.

Die Tibeter glauben, dass der Buddha des unendlichen Mitgefühls die Tara erschaffen hat. Bei den Tibetern heißt er Chenresig, das bedeutet „Der voller Mitgefühl auf alle Wesen herabschaut". Dieser Buddha vergoss voller Mitgefühl über das Leid der Menschheit zwei Tränen. Eine Träne wurde zur weißen Tara. Sie repräsentiert den passiven, meditativen Aspekt des Mitgefühls. Sie hat eine friedliche und mütterlich beschützende Energie. Ihr Segen verspricht Frieden, Wohlstand und Gesundheit. Die Tibeter glauben, dass die Tara auf dem Kailash lebt. Es gibt dort einen Bergpass, von 5600 m über Meereshöhe, „Drölma La" genannt, den ich auf meinem Weg um den Kailash besuchen werde. Genau dort soll Tarà ihr Zuhause haben. Bald werde ich diesen Ort selbst erleben. Der Kailash gilt als Kronenchakra der Welt, er ist ein Heiligtum für Buddhisten und Hindus. Die Quellen mehrerer heiliger Flüsse entspringen am Fuße dieses Berges, der Ganges, der Indus, der Brahmaputra.

Ja, meine mir lieb gewordenen Freunde, die Lastwagenfahrer übergaben mir die Geschenke für besagte Tara. Sie segneten mich, wünschten mir alles Gute und der Abschied fiel uns allen schwer. Wir hatten ein langes Stück Weges quer durch Tibet miteinander verbracht. Es war es war eine sehr herzliche Verabschiedung. Auch ich wünschte meinen Freunden alles Gute und viele Segen. Im Ort suchte ich mir ein Hotel. Es war ein heruntergekommener chinesischer Neubau und es gibt in den Zimmern nicht einmal fließendes Wasser oder Toiletten. Waschwasser holt man sich im Eimer. Baden kann man im Badehaus, in der Nähe des Hotels gelegen. Die Kanalisation liegt offen, es gibt neben dem Gehweg tatsächlich offene Kanäle voller Abwasser. Soviel zum Thema „moderne chinesische Architektur und Städteplanung".

Einer meiner Zimmernachbarn war ein junger amerikanischer Student namens David. Wir freundeten uns schnell an. Er wollte seine chinesische Freundin in Shanghai besuchen und vorher noch im Schnelldurchgang einige besondere Orte in Tibet besuchen. Unter Anderem auch den Kailash. Wir beschlossen, uns zusammen zu tun und den Berg gemeinsam zu umrunden. Abends gingen wir gemeinsam ein Bier trinken in einer chinesischen Karaokebar im Ort. Und stell Dir vor: es wurde dort die Instrumentalversion eines Liedes von Modern Talking gespielt, „Brother Louie"... – in Tibet! Sehr schräg, das Ganze. Nirgendwo auf der Welt kann man Dieter Bohlen entgehen (Witz).

Da ich die ganze Zeit ohne offizielle Erlaubnis (Permit) im Land unterwegs war, gab David mir den Insider Tipp, mich den chinesischen Behörden hier im Ort zu stellen. Also dort zuzugeben, dass ich ohne Permit in Tibet gereist bin. Ein Geständnis abzulegen und Reue zeigen. Dann eine geringe Geldstrafe zu bezahlen und mir für den Rest der Reise die offizielle Erlaubnis (Permit für den Rest des Weges hier in Tibet) zu holen, damit ich später an der Grenze zu Nepal keine Probleme mit der Weiterreise habe. Denn da kontrollieren erst die Chinesen, dann die nepalesischen Grenzbeamten. Das habe ich auch genauso gemacht. Nun kann ich jederzeit einer Polizeikontrolle positiv entgegensehen und muss mich nicht mehr verstecken, keine Umwege gehen etc. Morgen brechen wir auf, David hat eine Mitfahrgelegenheit zum Kailash für uns organisiert. Er spricht nämlich fließend Chinesisch (Mandarin).

Viele, vor allem ältere Tibeter, strecken zur Begrüßung ihre Zunge heraus, das ist jedoch keine Respektlosigkeit. Es gibt Dämonen in Tibet, die in menschlicher Form unterwegs sind. Einzig die Farbe ihrer blauen Zunge verrät, wer sie wirklich sind. Um ihrem Gegenüber zu zeigen, dass sie Menschen und keine Dämonen sind, wird von Einheimischen deshalb oft zur Begrüßung die Zunge gezeigt. David hatte die böse Idee, Lebensmittelfarbe zu kaufen um unsere Zungen blau zu färben und Tibeter zu schocken... Nein, wir haben es natürlich nicht in die Tat umgesetzt.

Kapitel 18 – 10.08.2000, Darchen, direkt beim Kailash

Wir sind heute in Darchen angekommen. Das ist eine kleine Ortschaft, von der aus der Pilgerweg, die Kora um den Kailash beginnt. Am Rande des Ortes haben wir unser Zelt aufgeschlagen. Ich bin froh, dass ich sehr viel Geld in ein gutes Leichtzelt investiert habe, das trotzdem wasserdicht und sturmsicher ist. Mein heißgeliebtes „Hilleberg" Zelt hat mir so gute Dienste erwiesen, sogar einen Schneesturm unbeschadet überstanden.

Das Wetter hier in Tibet ist ziemlich extrem. Die Temperatur kann sich innerhalb von 15 Minuten um 30° verändern. Das heißt, gerade ist es sonnig und sehr warm und einige Minuten später kann diese Temperatur auf circa 0° fallen. Eiseskälte, Wind etc. Um sicher zu gehen, dass ich mir keinen Sonnenbrand hole bei dieser extremen Sonneneinstrahlung in so hoher Meereshöhe, trage ich immer einen breitkrempigen Hut. Sieht auch klasse aus, so ein richtig toller Filzhut wie Indiana Jones (Kennst Du sicherlich – „Jäger des verlorenen Schatzes"). Witzigerweise habe ich bereits zwei dieser Hüte während meines Aufenthaltes in Lhasa verloren und mir jedes Mal denselben nochmal neu gekauft- also jetzt bereits Hut Nummer 3. Außerdem trage ich immer einen langärmlichen Pullover, egal wie warm es ist. Nachdem wir unser Zelt aufgebaut hatten, haben wir uns erst mal gestärkt. Es gibt viele Küchenzelte, mobile kleine Restaurants, die die hungrigen Pilger mit heißem Essen versorgen. In der Nähe unseres Zeltes fließt ein kleiner Bach vorbei, dort können wir uns waschen. Wir werden am nächsten Tag sehr früh aufbrechen. Es gibt erste Meinungs-verschiedenheiten zwischen David und mir. Er möchte den Kailash so schnell wie möglich umrunden, da er danach baldmöglichst zu seiner Freundin aufbrechen möchte. Ich wiederum möchte diese Pilgerreise um den Berg genießen, in aller Ruhe alle Eindrücke auf mich wirken lassen, da es für mich etwas ganz Besonderes ist. Vielleicht werde ich diese Erfahrung nie wieder machen können. Und dementsprechend möchte ich es in Ruhe auf mich wirken lassen. Ich habe mir eine leichte einseitige Lungenentzündung zugezogen, das Atmen schmerzt.

Gestern habe ich mich von einem tibetischen Mönch in einer kleinen tibetischen Privatklinik untersuchen lassen. Er hat an verschiedenen Stellen meinen Puls gemessen und kann aufgrund dessen eine genaue Diagnose stellen. Diese Technik erfordert viele Jahre Übung im Studium. Er gab mir eine traditionelle tibetische Medizin mit, murmelförmige, würzig duftende Pillen und gab mir den Rat, mich zu schonen. Es wird für mich eine Herausforderung sein, diese anstrengende Pilgerreise um den Berg zu machen, da ich jetzt schon unter Kurzatmigkeit und Schmerzen beim Atmen leide.

Hier in der Nähe streunen viele wilde Hunde herum, ein Mönch erzählte uns heute, dass im letzten Winter ein Pilger von einem Rudel dieser wilden Hunde überwältigt, getötet und aufgefressen wurde. Das ist ein etwas beunruhigender Gedanke. Allerdings sind wir zu zweit unterwegs.

Kapitel 19 – 11. – 13.08.2000, Kailash Umrundung

Wir sind heute Morgen im Dunkeln aufgestanden, haben unsere Sachen zusammengepackt und sind aufgebrochen, den Kailash im Uhrzeigersinn zu umrunden. Oh, das Atmen fällt mir zunehmend schwerer, zudem trage ich einen schweren Rucksack. David drängt zur Eile und es ist mir nicht möglich, mit seinem Tempo mit zu halten. Er hat sich mit großem Widerwillen meinem langsameren Tempo angepasst und nun nehme ich alle Eindrücke dieses Kraftortes auf, meistens ist der Berg für uns nicht sichtbar, oft auch in Nebel und Wolken verhüllt. Das ist sehr geheimnisvoll.

Manchmal sehen wir Geier am Himmel kreisen über einem bestimmten Ort hoch über den Felsen. Dort werden Tote bestattet Sie werden in Stücke gehackt und die Geier fressen die Überbleibsel auf. Die Anwesenheit von
Nicht-Tibetern bei dieser Zeremonie ist tabu. Ich habe gehört, dass diese Bestattungsart die Seele dazu bringen soll, sich schnell wieder zu inkarnieren. Vielleicht ist es aber auch einfach pragmatisch, weil der felsige Untergrund das Ausheben von Gräbern fast unmöglich macht.

Wir kamen an einem riesengroßen, senkrecht stehenden Holzpfahl vorbei. Mächtig wie ein großer Baumstamm. Ein Tibeter hat uns erzählt, dass dies ein Omen sei. Denn dieser Pfahl wird jedes Jahr neu aufgerichtet von vielen daran beteiligten Tibetern, die diesen vereint mit Seilen in seine aufrechte Position ziehen. Je nachdem, in welche Richtung dieser Riesenpfahl sich dann neigt (oder nicht), wird dies als Omen gedeutet und verheißt Glück oder Unglück für das kommende Jahr. Heute Mittag begann es heftig zu regnen und wir verbrachten den Rest des Tages in einer Klosterruine, die uns Schutz vor Regen und Wind gab. Dort kochte ich auf meinem Benzinkocher für uns eine heiße Suppe.

Nachts packe ich meine Kleidung für den nächsten Tag immer mit in meinen warmen Schlafsack am Fußende, so dass diese am Morgen bereits angewärmt ist. Denn wenn man morgens wach wird ist alles oft kalt und klamm.

Am nächsten Morgen gab es wieder einen Streit mit David, der immer schlecht gelaunter war wegen meines langsamen Tempos. Wir einigten uns darauf, dass er in seinem Tempo voraus ging. Er nahm mir einen Teil meines schweren Gepäcks ab, sodass ich nicht so viel Gewicht tragen musste. Und hoffentlich so schneller vorankäme.

David ist dann schnellen Schrittes vorangeeilt. Und ich konnte endlich in meinem eigenen Tempo weitergehen. Bald schlossen einige tibetische Pilger zu mir auf und wir liefen gemeinsam ein Stück des Weges und unterhielten uns. Wir erreichten ein Gebiet voller Kleidungsstücke, die weitläufig herum lagen. Dies ist eine Stufe der Pilgerreise, wo man sich symbolisch seines alten Lebens entledigt. Dies bringt man zum Ausdruck, indem man etwas Persönliches von sich dort zurücklässt. Zum Beispiel Haare, Kleidungsstücke, Fotos etc. Es ist beeindruckend, diesen Ort zu sehen mit den Tausenden von zurückgelassenen persönlichen Gegenständen.

Ich schnitt mir einen Büschel Haare ab und legte sie nieder. Neben mir befand sich ein großer, beeindruckend aussehender Khampa Mann. Die Khampas sind ein stolzes tibetisches Kriegervolk. Sie haben sich lange den chinesischen Besatzern aktiv widersetzt und leisten auch heute noch den Polizisten oft aktiv Widerstand. Der Krieger hatte seine langen Haare um den Kopf gewunden und den Haarkranz mit einem leuchtend roten Stoffband verziert. Nun löste er die Haare und diese Pracht reichte bis zum Boden. Er zog ein langes Messer aus dem Gürtel und schnitt damit eine lange Haarsträhne ab, die er dann zu Boden legte.

Irgendwann bemerkte ich, dass mir jemand meinen Reiseführer aus der Außentasche meines Rucksacks gestohlen hatte. Später dann traf ich auf einen tibetischen Pilger, der genau besagtes Buch in Händen hielt und es interessiert durchblätterte. Ich stellte diese Person zur Rede und er war sichtlich unangenehm berührt, weil er des Diebstahls überführt worden war. Ich habe ihn dann gefragt, was der Sinn einer Pilgerreise sei, wenn man währenddessen andere Pilger bestiehlt.

Immer schwerer fiel mir das Atmen, es ging immer steiler bergauf, meine rechte Lungenseite schmerzte und brannte wie Feuer.

Ich kam schließlich am höchsten Punkt der Pilgerreise an: dem Pass, an dem „die Tara lebt". „Drölma La". Dort gibt es einen riesigen Felsen, an dem die Pilger ihre Geschenke, ihre Wünsche, ihre Opfergaben hinterlassen.

Ein wirklich außergewöhnlich schöner mystischer Kraftort. Und es fiel mir schwer, weiter zu gehen. Doch ich wollte so weit wie möglich kommen, bevor die Sonne unterging. Ich lief also weiter und da fing es an zu schneien. Es wurde ein richtiges Schneegestöber daraus.

Ich lief über Gletschereis und im Schneegestöber konnte ich nicht mehr erkennen, welchen Weg ich nun gehen sollte. Mir wurde schlagartig klar, dass ich einen großen Fehler gemacht hatte. Denn ich konnte mein Zelt nicht aufbauen, um darin Schutz zu finden. Dieses hatte David ja mitgenommen. Ich ärgerte mich etwas über meine eigene Naivität. Ging dann aber weiter und weiter und irgendwann hörte es auf zu schneien. Und kurze Zeit später konnte man bereits wieder die ausgetretenen Fußwege der Pilger auf dem Boden erkennen und ihnen folgen. Dann ging es wieder bergab. Das Laufen fiel mir leichter. Einige Zeit später kam ich zu einem Restaurant Zelt für Pilger und konnte mich dort erst mal mit Yakbuttertee und Tsampa stärken.

Weit und breit kein Zeichen von David. In meinem Reiseführer stand, dass hier in der Nähe in einem Stein ein Fußabdruck zu sehen sei, den Buddha persönlich hinterlassen habe. Beziehungsweise dass sich dieser dort auf wundersame Art und Weise manifestiert habe. Im Restaurant Zelt machte ich die Bekanntschaft von mehreren Pilgern aus Indien und gemeinsam beschlossen wir, diesen Fußabdruck Buddhas zu finden. Nachdem wir die Gegend weiträumig durchsucht und nichts gefunden hatten, blieb letztendlich nur ein großer Fels übrig. Gemeinsam schafften wir es, auf diesen riesigen Steinbrocken zu klettern. Und tatsächlich, dort oben fanden wir ihn, den Fußabdruck Buddhas.

In dieser Vertiefung im Stein hatte sich Regenwasser gesammelt. Davon überzeugt, dass dieses Wasser ganz besondere Kräfte enthält, nahmen wir etwas davon in unsere Hände und tranken es voller Dankbarkeit. Neue Kraft durchströmte mich. Ich machte mich erneut auf den Weg. Nun wurde es bereits langsam dunkel und ich begann mir Sorgen zu machen. Plötzlich sah ich David rufend und winkend auf mich zu kommen. Ich war erfreut. Er berichtete mir, dass er in der Nähe bereits mein Zelt aufgeschlagen habe. Er nahm mir auch meinen Rucksack ab und ich konnte durchatmen. Ich nahm alle Restkräfte zusammen.

Unser Zelt stand in der Nähe eines Zeltcamps. Wie sich herausstellte, gehörte dies zu einer gebuchten Trekking Tour. Eine Gruppe von Schweizern hatte in Nepal eine Reisetour zum Kailash gebucht. Zu dieser Tour gehörte eine Gruppe von nepalesischen Sherpas, jeder Schweizer hatte ein eigenes Schlafzelt. Es gab ein Küchen- und ein Toilettenzelt.

Kaum war ich beim Zelt angekommen, wurde ich von einem der nepalesischen Sherpas mit einem Becher heißem Kaffee begrüßt. Ich habe seit Jahren keinen Kaffee mehr getrunken, es handelte sich um einen Becher löslichen Kaffee mit Milch und Zucker. Und es erschien mir in dem Moment das köstlichste Getränk der Welt zu sein. Ich war voller Dankbarkeit. Ich hatte es tatsächlich bis zu meinem Zelt, meinem Ruheort geschafft.

Nachdem die Schweizer zu Abend gegessen und sich in ihre Zelte zurückgezogen hatten, durften David und ich das Küchenzelt besuchen. Und die übrig gebliebenen Reste des Abendessens genießen.

Am nächsten Tag erreichten wir Darchen, den Ausgangspunkt unserer Kailash Umrundung und David machte sich schnell auf, um endlich seine Freundin in Shanghai zu treffen. Wir verabschiedeten uns und unsere Wege trennten sich.

Nun wurde es knapp für mich, denn mein dreimonatiges China Visum lief in wenigen Tagen aus und in drei Tagen musste ich spätestens China, zudem nun Tibet offiziell auch gehört, verlassen haben. Wie es der Zufall so will, lief mir Pasang erneut über den Weg. Das war der nepalesische Sherpa, der mich am Abend zuvor mit einem heißen Kaffee im Zeltlager der Schweizer begrüßt hatte. Ich fragte ihn, ob ich in einem der Fahrzeuge, in dem seine Reisegruppe unterwegs war, nach Nepal mitfahren dürfe. Er antwortete, dass er nichts dagegen habe, dass ich allerdings erst die Erlaubnis der Schweizer einholen müsste. Da diese ja für diese Tour bezahlten.

Ich sprach die Schweizer Touristen darauf an und sie waren anfangs überhaupt nicht begeistert. Ich schlug vor, auf der Ladefläche eines LKWs mit zu fahren, auf dem sich die Zelte und der Proviant der Reisegruppe befand. Und erwähnte, dass ich eine Reiseerlaubnis habe und ich niemandem Platz wegnehme. So willigten sie schließlich ein und ich durfte meine Reise weiter fortsetzen.

Kapitel 20 – 14. – 17.08.2000, Vom Kailash nach Nepal

So dankbar ich auch bin, eine Mitfahrgelegenheit gefunden zu haben, so bin ich doch noch nie so unkomfortabel gereist.
Wir fahren auf Schotterpisten mit Schlaglöchern, und ich werde auf der Ladefläche hinten wie eine Puppe hin und her geworfen.

Teil des Reisegepäcks sind die Schlafmatratzen der Touristen. Ich habe diese übereinandergestapelt, acht Stück insgesamt, und lege mich flach mit dem Rücken darauf. Allerdings verrutschen diese während der Fahrt ständig unter mir. Und ich habe mehr als einmal die schmerzhafte Bekanntschaft mit dem darunterliegenden Gepäck gemacht. Mit Propangas Flaschen etc. Ich werde wie eine Puppe herumgeschleudert, obwohl ich mich so gut es geht festhalte.

Ich kann auch nicht viel sehen, lediglich eine kleine halbkreisförmige Öffnung am Ende der Ladefläche lässt mich nach außen sehen. Links, rechts und oben ist die Plane blickdicht. Meistens sehe ich eh nur den aufgewirbelten Staub hinter unserem Fahrzeug.

Ich muss selber oft über meine eigene Naivität lächeln, hätte ich zuvor gewusst was auf mich zukommt... welchen Strapazen und Herausforderungen ich mich stellen werde. Ich weiß nicht, ob ich diese Reise überhaupt gemacht hätte. Aber gleichzeitig bin ich so gewachsen innerlich.

Wir sind gerade zu einem Zwischenhalt am Manasarovar See, an dessen Ufer wir die Nacht verbringen. Einem weiteren heiligen Ort für Buddhisten und Hindus. Ein unbeschreiblich schöner Ort der Kraft.

Ich habe gelesen, dass der See in der indischen heiligen Schrift, dem Ramayana gepriesen wird:

„Wann immer einer den Boden um den Manasarovar berührt oder wenn er in dem See badet, so wird er ins Paradies des Brahma eingehen; und der, der von seinen Wassern trinkt, wird in Shivas Himmel eingehen und wird von den Sünden von hundert Wiedergeburten erlöst werden."

Ich fühle mich unbeschreiblich hier. Habe dort viele kleine Meditationshöhlen entdeckt. Und es scheint mir, als würde viel Kraft und Wissen in mich hineinfließen.

Heute Abend war ich wie in Trance und verschiedene Zeitebenen liefen parallel ab. Ich war gleichzeitig in mir und außerhalb meines Körpers. Und auch in einer fernen Vergangenheit am selben Ort als Tibeter. Wissen und Informationen wurden von oben in mich eingegeben, wie Samen, die in mich gelegt wurden, wie eine energetische Einweihung.

Und diese Weite und Erhabenheit dieses Sees... all die Wildvögel, die Tier- und Pflanzenwelt. Einfach unbeschreiblich schön.

Morgen werden wir die Grenze zu Nepal erreichen.

Kapitel 21 – 19.08.2000, Kathmandu, Nepal

Gestern haben wir Nepal erreicht. Erneut bin ich einfach nur sprachlos über die Schönheit der Landschaft. Die Kargheit der tibetischen Hochebene, mit wenig Vegetation, aber trotzdem beeindruckenden Steinformationen und Bergmassiven hinter uns lassend fuhren wir immer bergab. Und so veränderte sich die Landschaft rapide. Immer üppigeres Grün, Urwald. Ja manchmal prasselte das herabfallende Wasser eines Wasserfalles auf das Planen-Dach über mir. Wir sind ja gerade mitten in der Monsunzeit. Ich kam mir vor wie in einem Tarzan-Film. Riesige Schmetterlinge habe ich gesehen, groß wie Singvögel. Wir haben schließlich die Grenze zu Nepal erreicht, die Formalitäten erledigt. Und wir wollten unsere Fahrt nach Kathmandu, der Hauptstadt von Nepal weiter fortsetzen. Da kam unsere Weiterfahrt zu einem jähen Halt.

Quer über der Straße verlief eine breite, bodenlos tiefe Spalte, die sich durch einen Erdrutsch und den vielen Regen aufgetan hatte. An eine Weiterfahrt mit den Fahrzeugen war nicht mehr zu denken. Für uns ging die Reise nun zu Fuß weiter. Ein Teil des Gepäcks haben wir mitgenommen, der Rest sollte später mit den LKWs nach Kathmandu gebracht werden, wenn die Straße wieder befahrbar war.

Viele Männer improvisierten aus frisch gefällten Baumstämmen einen Übergang. Eine provisorische Brücke, die man zu Fuß überqueren konnte. Ich vermied es, beim Überqueren nach links oder rechts in die Tiefe zu sehen. Der Spalt war bodenlos tief.

Der lange Spaziergang tat so gut, nachdem ich auf der Ladefläche des LKWs tagelang durchgeschüttelt worden war. Der Duft des Dschungels, die feucht schwere Luft, die Geräusche der Tiere, die milde Wärme. Einfach wunderbar. Ich erkannte links und rechts meterhohe Cannabis Bäume im Wald. Viele meiner Freunde in Deutschland hätten das sicherlich als Paradies bezeichnet…

Wir übernachteten in einem kleinen Gasthaus, ein einfaches Hotel, aber endlich wieder ein richtiges Bett, endlich wieder den Wasserhahn öffnen und es strömte sauberes und heißes Wasser heraus. Ich war dankbar und fühlte mich wie ein König. Wie gut geht es uns doch in Deutschland. So Vieles nehmen wir als Selbstverständlichkeit.

Im Vergleich zu dem entbehrungsreichen und oft harten Leben der Tibeter.

Ich schlief wie ein Baby im Bett, und wurde nachts des Öfteren geweckt durch lautes Donnergrollen.

Am nächsten Morgen erzählte mir der Besitzer des Hotels, dass nachts mehrere Erdrutsche links und rechts vom Gästehaus umliegende kleine Hütten mit in die Tiefe gerissen hatten. Das vermeintliche Donnergrollen nachts waren besagte Erdrutsche gewesen. Man habe mehrmals überlegt, das Haus zu evakuieren wegen der möglichen Lebensgefahr. Aber man hat uns dann durchschlafen lassen. Als ich später das Haus verließ, sah ich, was die Erdrutsche große Schäden angerichtet hatten. Unser Haus allerdings war unversehrt geblieben. Es wurde mir ganz mulmig. Nun bin ich zwischenzeitlich in Kathmandu angekommen und bin gespannt, wie meine Reise weitergeht. Ich möchte so schnell wie möglich nach Indien weiterreisen. Und dort soll mein erstes Reiseziel Varanasi sein. Viele Reisende, die ich getroffen habe, sind von dieser alten heiligen Stadt so beeindruckt, dass sie mir unbedingt nahegelegt haben, ich solle meine Indien Reise dort beginnen.

Schöne Aussicht. So bin ich vom Kailash nach Nepal gereist

Kathmandu, Nepal, Aus einer Email an eine Freundin

Endlich habe ich mein Indien Visum in der Tasche und mein Flug nach Varanasi ist auch schon gebucht. Das heißt, 45 Minuten nach dem Start von Kathmandu bin ich bereits in Indien. Ich habe selbst schon nicht mehr glauben können. Aber der lange Aufenthalt hier hatte er auch sein Gutes. Es fand ein riesiges Hindufest statt, eine Woche lang, das „Indrajatra". Zu Ehren von Indra, dem Gott des Regens. Die Menschen danken für den Regen und der damit verbundenen guten Ernte. Am Anfang des Festivals hatte ich die Gelegenheit, eine lebende Göttin zu sehen, die Kumari, ein Mädchen, das so lange als menschliche Verkörperung einer Göttin gilt, bis es in die Pubertät kommt. Es werden ihr große magische Fähigkeiten zugeschrieben und sie wird von Hindus und Buddhisten gleichfalls verehrt.

Das riesige Gesicht der furchterregenden Gottheit Indra wird nur für diese sieben Tage enthüllt. Ansonsten bleibt es das Jahr über hinter Brettern verborgen. Und am letzten Tag des Festes, gestern Abend, wurde ein Rohr in den Mund der Gottheit gesteckt und aus diesem Rohr floss geweihtes Bier. Viele 100e junge Männer lieferten sich eine wilde Schlägerei, um einen Schluck dieses Bieres zu ergattern. Ich selbst habe auch einen Schluck abgekriegt, allerdings ohne Schlägerei. Ich habe einfach gewartet, bis alle weg waren und habe die Resttropfen aufgefangen.

Dann fielen mehrere Böllerschüsse und es begann eine wilde Schlacht. Die Menschen auf der Straße lieferten sich mit Bergen von Heu eine wilde Schlacht. Jeder bewarf jeden damit. Es war eine große Gaudi und es ging dabei sehr lustig zu. Dann wurde ein riesiger Baumstamm, der am Anfang des Festivals errichtet worden war von hunderten von Männern mit dicken Seilen weggezogen unter großem Gejubel. Es war ein sehr schönes Volksfest auf den Straßen, es wurde getanzt und gefeiert. Ich selbst bin ja kein Hindu, respektiere aber die lokalen Gottheiten und bitte um Segen. Das kann nicht schaden. Es gibt ja darunter sehr grimmige Gottheiten zum

Beispiel Kali die Zerstörerin. Mit denen möchte ich mich lieber gut stellen. Heute hatte ich ein nettes Wiedersehen mit zwei deutschen Touristen, die ich vor vielen Wochen bereits in Tibet getroffen habe. Und die jetzt mit dem Fahrrad hier eingetroffen sind. Sie sind mit ihren Fahrrädern von Deutschland nach Tibet und danach hierher nach Nepal gefahren. Wir hatten uns viel zu erzählen. Langsam muss ich mich mit dem Gedanken anfreunden, dass meine Reise sich dem Ende nähert. Doch das ist ch gut so. Ich muss ja auch mal Zeit haben, um das alles im Kopf aufzuarbeiten was ich erlebt habe. Und ich muss auch mal mein Bank Konto wieder auffüllen.

Nepal

Varanasi, Indien

Wie ging es weiter nach meiner Asienreise?

In Kathmandu habe ich mein Indien Visum beantragt, da ich schnellstens nach Indien wollte. Die Weiterreise verzögerte sich leider um mehrere Wochen, da die indischen Beamten auf eine Bestätigung aus Deutschland warteten. Um sicher zu sein, dass ich in meinem Heimatland kein gesuchter Verbrecher sei.

Pasang, der nette Scherpa, der mir die Mitfahrt vom Kailash ermöglicht hatte, bot mir an, mich solange durch Nepal zu führen So besuchten wir unter anderem Lumbini, den Geburtsort Buddhas. Ein tibetischer Lama und ein nepalesischer Schamane führten gemeinsam ein mehrtägiges Heilungsritual für mich durch. Es war ein Ritual der Befreiung und Heilung alter innerer Wunden.

In Indien angekommen landete ich in Varanasi, einer alten, heiligen Stadt am Ganges. Die Hindus glauben, dass man, wenn man nach dem Tod in dieser Stadt verbrannt wird, direkt in's Nirvana eingeht. Es gibt spezielle Plätze direkt am Ganges, sogenannte Burning Ghats, dort brennen rund um die Uhr die Scheiterhäufen. Aus dem ganzen Land werden Tote dort hergebracht. Um hier verbrannt zu werden. Ja, bei uns wird der Tod versteckt, dort ist es ein offen präsenter Teil des Alltags.

Auch besuchte ich Bhodgaya, dort wurde Buddha erleuchtet.

Nach 6 Monaten kehrte ich nach Deutschland zurück, braungebrannt, als erfahrener Weltreisender. Es war sehr ernüchternd, denn meine Freundin, Anja hatte längst in meiner Abwesenheit die Beziehung beendet, ohne mir das mitzuteilen. Das tat sehr weh.

Aber rückblickend hätte ich, wenn ich das gewusst hätte aufgehört, Briefe aus Tibet zu schreiben. Dann gäbe es dieses Buch nicht.

Anja emigrierte kurze Zeit später in die USA, ich habe glücklicherweise vorher meine Briefe aus Tibet an mich nehmen dürfen.

In Karlsruhe veranstaltete ich zusammen mit der Tibet Initiative einen großen Diavortrag über meine Pilgerreise. Ich verkaufte dort Fotoabzüge meiner Dias und hatte einen Gesamterlös von 500 €. Das Geld spendete ich komplett an Sangyaa's Kloster Mindroling.

Die Zerstörung tibetischen Kultur schreitet rapide voran. Der Raubbau der Bodenschätze des Landes ebenso. Da fast jedes Land der Welt Geschäfte mit China macht, wird dieses Thema weitestgehend ignoriert.

Ich hatte nach meiner Rückkehr nach Deutschland erstmal Schwierigkeiten, mich hier wieder zurecht zu finden. Nach den außerordentlichen Erlebnissen und Eindrücken meiner Reise. Auch war das Lebenstempo in Deutschland ein völlig Anderes und Schnelleres als in Indien.
Um mich wieder zu erden fing ich an, als Telefonist in einem Call Center zu arbeiten. Das tat mir sehr gut. Und gab mir wieder Bodenhaftung.

Kurze Zeit später traf ich endlich auf meinen spirituellen Meister, wieder durch eine Reihe eigenartiger „Zufälle". Bei diesem Meister bin ich nun seit über 20 Jahren, er begleitet mich auf meinem Weg zu meiner inneren Meisterschaft.

Ich bin seit vielen Jahren als Geistheiler und Coach tätig. Ich schöpfe dabei aus meinen lebenslangen Erfahrungen. In Verbindung mit der göttlichen Quelle. Eines meiner Kinder, meine jüngste Tochter, die eine alte Seele und Heilerin ist, habe ich Tara genannt. Und wir haben vor, in späteren Jahren mal gemeinsam die Tara auf dem Kailash zu besuchen. Meine tiefe Liebe und Verbundenheit zu Jesus Christus (nicht zur Institution Kirche!) ist das Fundament meines Glaubens, meiner spirituellen Kraft. Dies habe ich erkannt, nachdem ich wieder hier ankam. Nachdem ich sehr tief in den tibetischen Buddhismus, aber auch in den Hinduismus, eingetaucht bin.

Im Januar dieses Jahres 2021 meldete sich plötzlich meine innere Stimme ganz laut, plötzlich erhielt ich den inneren Impuls, ein Buch schreiben zu müssen. Und wieder so ein „Zufall". Ich wollte meinen Kindern Dias meiner Asien Reise zeigen und holte die Kiste mit Diaprojektor und Dias aus dem Keller.

Welch ein positiver Schock- seit mehr als 10 Jahren habe ich die Bilder meiner Reise nicht mehr gesehen. Ich war überwältigt.

Und eine große Überraschung wartete auf mich in der Kiste- die lange vergessenen Briefe aus Tibet. Oh mein Gott, pures Gold.

Mein Buchmanuskript von meinem früheren Selbst aus der Vergangenheit, an mich im hier und jetzt.

Gottes Wege sind unergründlich.

Vielleicht folgen weitere Bücher von mir, denn mein Lebensweg seit Tibet hält noch viele spannende Geschichten bereit.

Von Begegnungen mit Engeln, Geistern des Bösen (ja, als Krieger des Lichtes werde ich oft damit konfrontiert). Mit Feen, Elfen, Naturgeistern, den Seelen Verstorbener... und neuen Herausforderungen.

Ich segne Dich, liebe Leserin, lieber Leser. Folge der Stimme Deines Herzens, Deiner Seele.

© Bernd Kretzschmar
Ludwigsburg 2021

Kontakt:

Bernd Kretzschmar
Julius-Knorpp-Straße 4
71642 Ludwigsburg
Email: berndkretzschmar@eclipso.de
Tel. 0152 / 59638992
Internetseite: https://coaching-ist-heilsam.de/

Fotos im Buch sowie auf dem Cover: Bernd Kretzschmar
Cover, Satz & Layout, Illustrationen: Bernd Kretzschmar
Lektorat: Liliana Savov-Nottebaum, Monika Stieblehner, Stefan Didzun
(danke!)

Auf meiner im Buch beschriebenen Reise habe ich viele Fotos gemacht (alle Fotos im Buch sind von mir). Die entstandenen Dias habe ich digitalisiert und diese sind mit diese sind bereits hier als download erhalten oder können auf meiner Internetseite im Shop zum digitalen Download kostenfrei heruntergeladen werden.

Bildpaket Tibet- 177 Fotos

Bildpaket Indien und Nepal –   145 Fotos

So kann dieses Buch auf Wunsch visuell begleitend noch intensiver genossen werden.

Fussnoten und weiterführende Links:

Sabriye Tenberken gründete 1998 zusammen mit Paul Kronenberg die Organisation Braille Ohne Grenzen e.V. – Braille Without Borders.

http://www.braillewithoutborders.org/GERMAN/

Tibet Initiative Deutschland:

https://www.tibet-initiative.de/

ISBN: 9783754333471

Herstellung und Verlag: BoD – Books on Demand, Norderstedt

Kathmandu, Nepal, Opfergabe an die blutdürstige Göttin Kali

Indien, Varanasi, heilige Hindu Stadt am Ganges

Indien, Bodhgaya, der Ort an dem Buddha Erleuchtung erlangte